丛书主编 / 李晓艳

响应儿童的学程

——个性化课程整体开发研究理论篇

主　编　李晓艳

副主编　杨道吉　刘东平　朱映晖

华中科技大学出版社

中国·武汉

内 容 简 介

本书是华中科技大学附属小学关于湖北省教育科学“十二五”规划课题“小学个性化课程整体开发研究”侧重理论的研究成果。全书由两大部分构成，第1～9章全面反映了附小个性化课程体系的建构过程和理论成果，第9章之后全面反映了附小各学科国家课程的校本化、个性化实施的过程和理论成果。本书可供中小学管理者、教师、教育科研工作者参考。

图书在版编目(CIP)数据

响应儿童的学程：个性化课程整体开发研究．理论篇/李晓艳主编．—武汉：华中科技大学出版社，2019.3
ISBN 978-7-5680-4785-2

Ⅰ.①响… Ⅱ.①李… Ⅲ.①课程-教学研究-小学 Ⅳ.①G622.3

中国版本图书馆CIP数据核字(2018)第280563号

响应儿童的学程——个性化课程整体开发研究理论篇
Xiangying Ertong de Xuecheng——Gexinghua Kecheng Zhengti Kaifa Yanjiu Lilunpian

李晓艳 主编

策划编辑：徐晓琦 范 莹
责任编辑：李 露
封面设计：杨小川
责任校对：李 琴
责任监印：徐 露
出版发行：华中科技大学出版社(中国·武汉) 电话：(027)81321913
武汉市东湖新技术开发区华工科技园 邮编：430223
录 排：武汉市洪山区佳年华文印部
印 刷：武汉市金港彩印有限公司
开 本：889mm×1194mm 1/16
印 张：9.25
字 数：251千字
版 次：2019年3月第1版第1次印刷
定 价：58.00元

在响应儿童的个性需求中寻求教育意义

——“响应儿童的学程”丛书主编寄语

华中科技大学附属小学是教育部直属的高校附小，学校以“全人教育”思想为指导，提出了“给孩子完美的童年，让师生完满地成长”的办学理念，致力于实现“把附小办成一所面向未来，有科学涵养和人文关怀的现代化学校”的办学目标，让学校成为学生喜爱的地方，并促使学生能“平衡发展，快乐成长”。

在多年的办学历程中，学校认识到只有承认个体差异性，尊重个性，即尊重那种“属于他自己的、别人无法代替的东西”，才能实现全人教育；只有成全和成就每个孩子，才能“走向真实的教育”。

《国家中长期教育改革和发展规划纲要(2010—2020年)》强调：坚持全面发展与个性发展的统一；创造条件开设丰富多彩的选修课，为学生提供更多选择，促进学生全面而有个性的发展；关注学生不同特点和个性差异，发展每一个学生的优势潜能。

《中国学生发展核心素养》提出以培养“全面发展的人”为核心，培养学生的人文底蕴和科学精神，强调要使学生“认识和发现自我价值，发掘自身潜力”，让学生“具有问题意识；能独立思考、独立判断；思维缜密，能多角度、辩证地分析问题，做出选择和决定等”。这些思想理念都很好地体现在了华中科技大学附属小学的学校文化中。

课程是学校提供教育服务的“产品”，也是学校的核心竞争力。让学生喜欢课程，既是学校坚持“学生立场”的重要体现，也是学生自我生命个体“平衡发展，快乐成长”的内在需求。从某种意义上说，课程的个性化导向也是体现学校办学特色的主要方式。

基于上述考虑，学校提出了建立“响应儿童的学程”课程开发理念。从课程入手，让课程为学生的个性成长服务，建立响应儿童需求的学习历程和学习课程，让课程的选择性服务于学生成长的全面性。

在“响应儿童的学程”的理念指导下，学校在立足国家课程、开发校本课程、整合课外活动的基础上，精心设计了助力完美童年的个性化课程体系——Ω课程体系。

Ω课程体系从实施的途径上看，分为国家课程、校本必修课程和校本选修课程三类。国家课程和校本必修课程是面向全校所有学生的课程，旨在促进学生核心素养的全面发展，体现了基础性、完整性和系统性。校本选修课程是学生依据自己的兴趣、需求自主选择的课程，旨在满足学生的个性需求，促进学生的个性发展，该类课程多为综合类课程，体现了选择性、综合性和实践性。这一整体课程结构着眼于在总体上实现“平衡发展，快乐成长”的培养目标，实现全人教育与个性教育的统一、科学教育与人文教育的融合。

课程对学生的教育意义不言而喻，而被赋予教育意义的课程才是有价值的。“响应儿童的学程”丛书由“个性化课程整体开发研究”“学习者中心的校本课程开发”和“梧桐树下的童年”三个系列组成，分别呈现了华中科技大学附属小学Ω课程体系的理论与实践研究、学校校本课程和国家课程校本化的实施成果。学校努力借助“响应儿童的学程”丛书来传递坚持“学生立场”，让课程适应每一位学生，让每一位学生成为最好的自己的教育观念。同时也希望丛书的出版能让课程更富有教育意义，从而增强课程开发者和执行者教书育人的使命感。

序

打造个性化课程体系，提升学校办学理念

华中科技大学教育科学研究院　李太平

《国家中长期教育改革和发展规划纲要(2010—2020年)》强调：坚持全面发展与个性发展的统一；创造条件开设丰富多彩的选修课，为学生提供更多选择，促进学生全面而有个性的发展；关注学生不同特点和个性差异，发展每一个学生的优势潜能。但从整体来看，我国的基础教育仍然是划一化教育，课程统一、教学方式单调、缺乏对学生个性发展的关注。基于以上认识，华中科技大学附属小学对个性化课程的开发进行了研究，成果颇丰。

一、学校构建了"助力完美童年"的个性化课程体系

学校在立足国家课程、开发校本课程、整合课外活动的基础上，精心设计了"助力完美童年"的个性化课程体系。学校将课程分为三大模块：人文领域、科学领域、交叉领域，体现了全人教育思想，实现了"把附小办成一所面向未来，有科学涵养和人文关怀的现代化学校"的办学目标。国家课程和校本必修课程是面向全校所有学生的课程，旨在促进学生核心素养的全面发展，体现了基础性、完整性和系统性。校本选修课程是学生依据自己的兴趣、需求自主选择的课程，旨在满足学生的个性需求，促进学生的个性发展，该类课程多为综合类课程，体现了选择性、综合性和实践性。这一整体课程结构着眼于在总体上实现"平衡发展，快乐成长"的培养目标，实现全人教育与个性教育的统一、科学教育与人文教育的融合。

1. 学校多方面促进国家课程个性化实施

自2012年以来，在课题研究的推动下，学校围绕办学理念和培养目标，试图根据学校的实际情况对国家课程进行个性化开发。

学校组织教师对国家课程进行了整合优化。例如，数学组基于对附小学生发展环境的分析以及学校的办学理念，提出数学素养培养的校本化目标为"爱数学、会思考、善运用"。在对数学课程标准和相关教材进行深入分析后，数学组教师依据数学知识结构和思想方法结构进行"板块建模"，从数与代数、图形与几何、概率与统计、综合与实践四个领域的课程内容中抽离出数与形的认识、数的运算、形的测量与运动、解决问题四个核心板块。

为了更好地满足学生的个性化发展需求，学校开发了与国家课程相对应的校本课程。例如，数学学科的"启智"、语文学科的"喻芽儿阅读"等课程，该类课程既对国家课程进行了丰富与补充，也体现了学校的课程创新能力。

在现有国家课程中，有的课程只有课程纲要，有的课程只有课程标准而没有相应教材。针对这种情况，学校为了打破学科间的壁垒、减少知识的分割和学科之间的间隔，开发了彰显学校特色的课程，努力实现课程整合"1+1＞2"的效益，并实现"平衡发展，快乐成长"的培养目标。例如，"慧心"、"体育与健康"、"文明礼仪"、"机器人"和"Scratch与创意设计"等课程，就是本校在该类课程个性化开发上所做的尝试和实践。

2. 推动课外活动的课程化建设

自本课题研究以来，学校以学生生活实践为基础，努力把这些零散的活动课程化，帮助学生建立书本知识与现实生活之间的联系，培养学生的实践能力和创新能力。活动方式以主题为主，将教学空间从课堂延伸到社会，实现将教学主体从教师变为教师与家长合作，让学生在与世界的开放联系中不断拓展思路、开阔视野。这类课程在设计上具有综合性、实践性和研究性，在实施上以学生的活动、学生的探究、学生的自主学习为主。例如，科学组的“1＋8＋12”课程就是把原来零散的课外活动加以整合，从而形成一门目标明确、内容系统的课程。

3. 开发“快乐周末”系列校本课程

“快乐周末”校本课程的授课时间是每周五下午，授课时长为两个课时，一学期共十二次课。大部分学生都是根据自己的情况，在网上自主选课。该课程采用自主走班上课的形式，每个班级不超过30人。这种自主选课、上课的形式，可以让学生发挥自主性，认识到自己的兴趣和特点，也为学生的全方面发展提供了平台，同时也尊重了学生的独特性和差异性。经过四年多的校本课程开发与实践摸索，现在“快乐周末”校本课程已经有6大类别，共包括63门课程，课程种类丰富，课程质量也在逐步提高。

历时四年的课程开发促进了学生的成长和教师的发展。学校课程体系的开发和实践挖掘了学生的潜能，提高了学生的动手实践能力，帮助学生学会选择，实现了对学生的个性化发展。

教师完成了从课程“消费者”到课程“生产者”的角色转换。教师的课程开发研究意识和能力得到了明显的提升和增强，教师对课堂教学有了更深刻的认识，教师的学校认同感、满足感和归属感也在不断增加。

二、提升学校办学理念

对课程的开发不仅使学校构建了比较完整的课程体系结构，而且促进了学校管理者对课程开发和学校发展的思考，丰富和重构了学校文化，提升了学校的办学理念。

华中科技大学附属小学在办学过程中逐渐形成了自己的办学理念、办学目标和培养目标。附小的办学理念是“给孩子完美的童年，让师生完满地成长”，办学目标是“把附小办成一所面向未来，有科学涵养和人文关怀的现代化学校”，培养目标是让学生“平衡发展，快乐成长”。

在个性化课程开发的实践过程中，附小进一步解读和明晰了办学理念、办学目标和培养目标，并构建了课程开发的指导思想，课程开发正是办学理念和培养目标的落实和具体化。其中，“完美的童年”是一个综合的目标，不只限于知识学习，而是注重学生身体、智慧与心理的全面发展，最终实现让学生“平衡发展，快乐成长”的培养目标，希望孩子成为“完整”又不失个性的人，这种办学理念充分体现了将全人教育与个性发展相统一的思想，进一步明确了全人教育和个性发展的统一性。小原国芳说：“好的全人教育使个性完全发挥，全人教育与尊重个性二者决不是矛盾的。恰恰相反，这二者必须融合统一。完全的个性发挥，实质上就是好的全人教育……全人教育与尊重个性教育是一物之两面，而且，必须努力把二者融合为一体。”①只有承认个体差异，尊重个性，即尊重那种“属于他自己的，别人无法代替的东西”，才能实现全人教育；只有“育成真正的自我，发现真正的人”，才能“走向真实的教育”。“个性通过全人教育将其机能得到全面开发与育成；全人通过个性教育，在爱之场中自觉地为完成自己的具体使命而活动。教育的目的是使全体的人，依据爱的原理有序地成为个性的全人。”②

华中科技大学附属小学将“科学与人文的融合”作为学校发展过程中不变的文化主题，力求通过

---

①，② [日]小原国芳.小原国芳教育论著选(下卷)[M].刘剑乔，等译.北京：人民教育出版社，1993:43,344.

科学文化与人文文化的传承与熏染，提升、发展学生的科学素质和人文素质，学校明确了将科学与人文相融合的理论基础。科学文化与人文文化的融合构成了文化整体，科学与人文、科学精神与人文精神、科学素养与人文素养、科学文化与人文文化交融互渗，构成了科学教育与人文教育平衡发展的文化基础，因此教育应该成为连接科学文化与人文文化的桥梁。“随着学科交叉、融合，以及人类对世界认识的逐渐深化，人类文化的‘大统一’已成为一种必然趋势。因此科学与人文的融合也顺应了人类文化发展的大趋势。”[①]教育既要看到人文文化与科学文化之间的互补性，又要注意到二者之间的联系性，从互补性中发现各自的缺失，从联系性中开阔视野、促进发展。附小开发的课程是整体平衡的，以培养整体平衡的、具有科学素养和人文素养的人为目标。

① 方鸿辉.蔚蓝的思维清澈的理性[J].科学，2005(3):59-61.

目 录

第1章 研究背景

《国家中长期教育改革与发展规划纲要(2010—2020年)》强调:坚持文化知识学习与思想品德修养的统一、理论学习与社会实践的统一、全面发展与个性发展的统一;树立多样化人才观念,尊重个人选择,鼓励个性发展,不拘一格培养人才;关注学生不同特点和个性差异,发展每一个学生的优势潜能;创造条件开设丰富多彩的选修课,为学生提供更多选择,促进学生全面而有个性的发展。原国务委员陈至立说:"实施个性化教育是促进教育改革创新的一个重要抓手,是实施素质教育的重要措施,是教育贯彻以人为本科学发展观的生动体现。因此,我们必须对个性化教育给予高度重视。"但从整体来看,我国的学校课程结构仍然以统一的课程为主体,课程目标统一,教学目的统一,教学进度一致,教学方式单调,缺乏对学生个性发展的关注。本课题试图构建一个个性化的课程体系,为学生个性的健康发展构建平台。

从21世纪初开始的课程改革就推行国家、地方、学校的三级课程管理体制,旨在适应不同地区或同一地区不同学校之间在发展上的较大差异。但如何使国家课程适应本校发展、如何开发反映学校特色的校本课程,仍是每一所学校都要面临的问题。

华中科技大学附属小学始建于1953年,经过几代人的努力,特别是近年来在李晓艳校长的带领下,学校已经进入了优质教育发展阶段。附小是市校园文化建设先进学校、市素质教育特色学校、各年度区教学质量优胜单位,学校教师活跃于全国教学竞赛现场,学生还走出国门获奖,学科课题研究成果丰富。学校还提出了自己的办学理念(给孩子完美的童年,让师生完满地成长)、办学目标(把附小办成一所面向未来,有科学涵养和人文关怀的现代化学校)和培养目标(平衡发展,快乐成长)。课程是贯彻办学理念、落实培养目标的核心载体和顶层设计。如何考虑国家、地方、学校课程的设计、实施以及评价,是摆在附小面前的重大课题,也是附小实现高品质发展的核心问题。

本校生源素质优良,家长对学校教育的需求、期望相对较高。本校师资队伍优秀,每门学科均有在湖北省、武汉市、东湖新技术开发区有一定影响力的教师,并且新进教师的整体素质较高。如何使课程更好地适应学生的发展需求?如何为教师的专业成长搭建更高、更好的平台?课程开发是必由之路。

第 2 章　选题意义和研究价值

2.1　选题意义

个性教育是当今时代一个很重要的教育思潮，其在西方发达国家已经成为了引领教育改革与发展的主导性理念之一。但是，由于我国长期受到划一化教育的影响，导致个性教育的实施相对缺少适宜的土壤。近年来，随着教育改革的逐步深入，个性教育的理念开始引起学校以及国家层面的关注与重视，由此，国家出台了一系列相关教育文件，一些学校也做了教育改革方面的尝试。然而，就个性教育的实施效果来说，常常是事与愿违。以校本课程开发活动为例，其作为个性教育理念的重要体现，在学校中虽已得到了广泛推行，但存在的问题仍不容忽视，诸如概念理解的偏狭、开发活动的随意性与形式化等，这直接影响到了教育改革的成效。课程是学校工作的中心，也是教育目标得以实现的中介，个性教育的实现最终要依赖于学校个性化课程体系的构建，如果忽视这一点，将难以实现个性教育。本选题主要基于时代背景和课程改革的要求，探讨如何建设一个结合学校实际、能促进学生个性发展和特色学校建设的个性化课程体系，并提炼课程理念，提出个性化课程开发的行动纲领和实施策略。

2.2　理论价值

第一，本研究立足于学校课程现状，通过个性化课程开发活动，构建个性化课程体系，并在此基础上明确课程开发的目标，提炼个性化课程开发的理念。

第二，在对国家课程进行个性化开发方面，当前尚未引起人们的关注与重视，因此在实践中缺少理论的支撑，本研究将在本校课程实践的基础上，提炼并形成个性化课程开发体系。

最后，关于对校本课程开发的探讨，多是依赖于国外的校本课程开发理论，相对缺少本土化的理论体系。附小通过对本校校本课程展开特色化研究，将探索出一种具有本校特色的校本课程开发逻辑，并提炼出一些相关理论。

2.3　实践价值

首先，在学校教育改革实践中，一些学校开发了一系列特色化课程，但由于这些课程与国家课程以及地方课程之间缺少关联性，而成为了一个独立的课程板块，整个学校的课程体系由此缺少整体性，本研究将聚焦于学校个性化课程开发的整体活动，确立一种合理的、符合个性教育要求的课程体系，以此推进学校课程的整体改革。

其次，参与个性化课程开发研究，将有助于提升本校教师的课程开发意识，并可以有效提升本校教师的专业素质与水平。

再次，通过构建个性化课程体系，可推动本校进行特色化发展，建设特色学校文化。

最后，个性化课程开发活动将推动学生课程经验的个性化生成。

第3章 核心概念

3.1 个性化课程开发

课程开发是指通过精心计划的活动制定出一项课程方案，然后将课程方案付诸实施并予以评价的一个整体的、动态的过程。依据主体的不同，可将课程开发划分为国家、地方与学校三个层次；依据活动过程可以把课程开发分为课程设计、课程实施和课程评价三个阶段。从广义上来讲，学校课程开发包括两方面含义：学校在国家课程计划预留空间内进行完全自主的课程开发和学校对国家课程进行“因地（学校）制宜”和“因人（学生）制宜”的创造性改造和再开发。前者称为校本课程的开发，后者称为国家课程的校本化开发。

“个性化课程开发”主要是指在学校层面，以教师为主体，立足于学校传统和实际情况，基于本校学生个性特点而进行的课程设计、实施与评价的一整套活动，旨在构建合理的学校课程体系，以满足学校个性化发展的需要，促进学生的个性化发展，在内容上，涉及对国家课程的个性化“再开发”、对校本课程的特色化开发、以个性课堂为主的课程实施体系构建。

3.2 个性结构和发展目标

个性就是个体独特的社会性。① 从外在表现来说，个性是一个人的精神属性中区别于他人的独特性。独特性是个性的显著特征，没有独特性就没有所谓的个性，独特性是个人心理特征的总和以及所表现出的差异。从内在发展来说，主体性是个性的本质特征，一个人只有作为主体独立自主地支配自己的意识和活动，才可能是有个性的个人。主体性发展的内在和核心是主体的创新素质的发展，创造性是个性主体发展的最高形式，或者说是人的能动性的最高形式。② “创造力是健康、丰富个性的核心，离开了创造力的培养，就谈不上培养个性，也谈不上培养时代所需要的人才。”③

个性并不排斥社会性，只有适宜社会性的人，才会具有健康的个性，个性是人类的共性在具体个人身上的表现，个性发展必须以社会性为底色，一个人“只有把自己完全融进人类的活动中去、把自己变成社会合成力量的化身，才能真正成为独立的个人。”④人的高度个性化也是社会发展所追求的目标。

人的个性是一个整体。马克思说：“要使这种个性成为可能，人的个性、智力、品质和能力的全面发展就要达到一定的程度和全面性。”⑤心理学家列昂节夫说：“个性的概念表现着生活主体的整体性”；“它是一种特殊的整体形成物”，个性中的一切特征、品质共处于一个统一体中，它们在相互联系

① 刘文霞. 个性教育论[D]. 南京：南京师范大学，1997.
② 班华，李太平. 个性发展与个性教育[J]. 江西教育科研，1997(1)：6-9.
③ 郭文安. 试论创新教育及其特点[J]. 中国教育学刊，2000(1)：9-12.
④ 高清海，等. 人的“类生命”与“类哲学”[M]. 长春：吉林人民出版社，1998：387-388.
⑤ [德]卡尔・马克思. 马克思恩格斯全集第46卷(上)[M]. 北京：人民出版社，1979：108.

中共同发展。

本校根据个性结构理论，细化“平衡发展，快乐成长”的培养目标，提出“发现自己、探索世界、服务社会、创造未来”的理念。“发现自己”是个性生长的起点，是个体独特性的体现，各方面的发展应是个体有意识的自我选择与设计，而非外部强加，“发现自己”应从小开始，并贯穿人的一生；“探索世界”是个性的展开，人降落到这个世界后就必须认识世界、改造世界，世界充满各种新奇事物，需要人以一种探究的态度去观察世界，学校以发现、探究为主要学习方式，开设了多门课程引导学生去探索世界，培养学生的探索精神；“服务社会”是个性的底色，一个完整的人必定是能与社会和谐相处的人，能乐于帮助他人、回报社会、贡献社会，学校要培养学生服务社会的意识，让学生懂得关爱与奉献，从为他人到为班级、为学校、为社区、为社会，培养学生的公益心；“创造未来”是个性的最高体现，鼓励学生探究、发现和创新事物，重视对学生创造力的培养。

3.3 全人教育

全人(holistic person)教育理念有着悠久的历史，日本全人教育学家小原国芳认为，教育必须是绝对的“全人教育”，“就完全人格亦即和谐人格而言，人在文化上欠缺了多少，作为人就残缺了多少。”[①]他认为，教育内容必须包含人类文化的全部，即学问、道德、艺术、宗教、身体、生活，理想的人必须是全人，而全人教育就在于创造真、善、美、圣、健、富六项价值。

全人教育是以学生为本，以学校为主导，家庭共同参与实施的、整体的、系统的教育，其面向全体儿童，致力于通过课程建设、课堂教学、综合实践活动等途径，实现儿童身心的全面发展、和谐发展、持续发展。全人教育把教育目标定位在健全人格的基础上，让个体生命的潜能得到自由、充分、全面、和谐、持续的发展。全人教育不仅仅是知识的传递与技能的训练，它更关注人的内在情感体验与人格的全面培养，以期达到人的精神与物质的统一，培养出具有完整人格的人。全人教育强调科际间的整合学习，认为没有任何一种科目、议题或因素可以单独解决当今世界发展的相关课题，只有通过学科之间的互动、影响和渗透，超越学科间的各种壁垒，才能开拓新知识与研究问题的视野，真正将世界还原为一个整体。全人教育主张人才的德才兼备，杨叔子说：“教育培养的人如果思维能力低下，才华浅薄即‘无才’，那么‘灵魂’丑恶，危害还有限；如果思维能力超群，才华出众即很‘有才’，那么‘灵魂’丑恶，危险就很大，而且越有才越危险。无才，则无知、愚昧；缺德，则卑鄙、无耻；缺德而有才比缺德而无才更为严重。”[②]

① [日]小原国芳. 小原国芳教育论著选(下卷)[M]. 刘剑乔，等译. 北京：人民教育出版社，1993.

② 杨叔子. 现代高等教育：绿色·科学·人文[J]. 中国高教研究，2002(1)：18-24.

第 4 章 研究现状

4.1 个性化课程开发的研究

第一，个性化课程开发的理论基础。个性化是一种新时代的教育理念，它要求为每个学生提供适合的教育，使学生的个性特长得到充分发展。[①] 第二，关于个性化课程开发的必要性。学校课程开发的个性化是社会发展的需要，是课程理论与实践的不懈追求，是我国国情的需要。[②] 第三，关于个性化课程开发的主要内容。一是个性潜能的唤醒与发掘——学生的个性化追求。二是“以个性养成个性”——教师的个性化追求。三是创新——学校的个性化追求。[③] 第四，关于个性化课程的开发策略。主要策略有：创办特色学校、构建特色课程、培训个性化的教师、培养个性化的学生。[④] 第五，关于个性化课程开发的意义。可以使学生在掌握国家课程规定的基础知识、基本技能的同时，其个性及时得到发展；可以使教师专业个性化得到发展；既凸显了学校的特色，又体现了以学生发展为本的教育理念。[⑤]

综上所述，关于个性化课程开发的研究涉及个性化课程开发的理论基础、现实必要性、主要内容、开发策略和现实意义等方面，讨论范围较广。但也存在一些问题和不足之处，首先，对于何为个性化课程开发没有进行深入了解，没有明确其范围和体系；其次，将个性化课程开发的层次仅限于校本课程的开发，窄化了个性化课程开发的外延；最后，对个性化课程开发策略的研究仅停留在表面，只有宏观的方向指导，却没有具体的方法策略研究，也没有提出有针对性的对策。

4.2 国家课程的个性化理解研究

有研究者提出了“国家课程校本化实施”的观点，主张在坚持国家课程改革纲要基本精神的前提下，学校可以根据自身性质、特点和条件进行一系列的创造性实践，包括教材的校本化处理、学校本位的课程整合、教学方法的综合运用和个性化加工及差异性的学生评价等多样化的行动策略，旨在将国家层面规划和设计的面向全国所有学生的学习经验转变为适合本校学生学习需求的学习经验。[⑥]

4.3 校本课程的学校特色化研究

第一，关于学校特色化的概念辨析。学校特色化，也叫特色学校的形成或创建。学校特色化就是

---

① 张鹏程. 教育个性化与校本课程开发[J]. 当代教育科学，2003(18)：26-27.

②，④ 张新海. 个性化：校本课程开发的出发点和归宿[J]. 教育探索，2002(12)：34-35.

③ 孙婧. 校本课程开发过程中的个性化追求[J]. 卫生职业教育，2004(21)：20-21.

⑤ 黄群，吴伟朝. 校本课程开发与学生个性化发展[J]. 科学教育，2005(6)：35-36.

⑥ 徐玉珍. 论国家课程的校本化实施[J]. 教育研究，2008(2)：53-60.

在校本课程的开发中实现学校独特的整体风格和出众的办学成果。[①] "学校特色"指的是一所学校与其他同类学校相比所具有的独特品质与风貌，而"学校特色化发展"是一种学校发展战略，是国家或地区对所管辖的学校如何发展所作出的战略安排。[②]

第二，关于校本课程在学校特色化发展中的作用。校本课程是最能体现学校特色的一个方面，因而校本课程的开发是创建学校特色的重要途径。[③] 校本课程是学校个性的体现。自主性校本课程开发为校长独特的教育思想的表达、教师教育潜能和人格魅力的展示和学生兴趣与个性的发展提供了自由的发挥空间。校本课程的开发更有利于特色课程的形成，而特色课程是学校特色形成的载体。[④]

第三，关于校本课程特色化开发策略。宏观上，校本课程开发要加强学校课程管理的规范化，课程实施要以现代教育思想为指导，加强教师课程知识和技能的培训，并且建立校本课程开发的有效机制。[⑤] 有学者提出要强化课程和资源意识，选择适宜的开发路线，并且要加强对于校本课程开发的科学管理。[⑥]校本课程开发的具体思路是定位学校特色→开发特色课程资源→生成特色课程→在实施中调整发展。[⑦] 微观上，就某一具体学科进行校本课程开发是当前研究的热点，有学者通过深入的个案研究指出：校本课程开发要注意处理好与国家课程、地方课程的关系，要实现与学校文化和特色创建的有机整合，做到开发的制度化和个性化。[⑧]

综上所述，目前关于校本课程的学校特色化研究所采取的研究方法、研究视角单一，缺乏对系统的、全面的观点的探讨。

---

①,④ 许正军. 学校特色化过程中的问题分析及对策[J]. 山西教育（综合版），2006(10)：30.

② 邬志辉. 学校特色化发展的重新认识[J]. 教育科学研究，2011(3)：26-37.

③,⑥ 刘英琦. 校本课程开发与学校的特色创建[J]. 教学与管理，2004(16)：12-14.

⑤ 崔允漷，等. 我国校本课程开发现状调研报告[J]. 全球教育展望，2002(5)：1-2.

⑦ 黄达成. 特色形成与师生发展——校本课程开发范式的个案研究[J]. 教育探索，2004(12)：21-22.

⑧ 范蔚，赵丽. 中学科技教育类校本课程开发个案研究[J]. 中国教育学刊，2011(1)：64-67.

第5章　研究目标、内容和方法

5.1　研究目标

通过探索逐渐明晰个性化课程开发的理论基础，确立学校课程开发的目标，并且最终在学校层面构建一个综合的、体现学校办学理念的个性化课程体系，在行动研究中逐步凝练学校课程体系建设的具体策略，构建以个性课堂为主的课程实施体系，进一步完善学校管理体制和实施课程评价的初步设想，通过不断的努力来促进学生的个性化发展，以此推动学校的特色化建设。

5.2　研究内容

5.2.1　构建学校课程体系

对国家课程、地方课程、校本课程进行综合整理，构建较为完整的课程体系。

5.2.2　国家课程的个性化开发

以国家课程为研究对象，以学科课题组为开发主体，包括教师对部分课程标准的个性化解读研究，对课程内容的结构性重组研究，对课程资源特色化开发的研究，对各学科教学的创造性设计研究，以及对课堂管理、师生关系、教学方法的个性化探索。

5.2.3　校本课程特色化开发研究

以学校为基础、以学校为主体开发的校本课程，能否实现对国家课程的补充、丰富和完善，能否充分彰显学校的发展特色和资源优势，能否真正有助于本校学生的全面发展、个性发展和平衡发展，是校本课程在开发、设计、实施与评估过程中始终需要把握的方向。学校尝试从以下三个方面进行校本课程特色化开发的探索。

第一，以学科为主题，以学科课题组为开发主体。在丰富并完善本校原有校本课程的基础上继续开发新的校本课程，力求在3～5门学科内开发出1～2门校本课程，以求这些课程能够反映本校的实际情况和发挥本校的传统优势，充分挖掘本校及周边社区的课程资源。

第二，以活动为主题，以本校全体教师为开发主体，辅之以外聘教师、课程专家和家长的参与协作。科学评估学生的兴趣需求，充分考虑教师的学科背景和个人专长，并结合学校的资源优势与发展特色，开发出丰富多样、可供学生选择的全校性系列校本课程（即“快乐周末”校本课程）。

第三，整合多种课外活动，促进课外活动的课程化。

5.2.4 构建个性课堂

以个性教育理念为指导，以各学科组教师为实施主体，构建基于学生个性发展的个性课堂体系，促进本校课堂教学形态的深刻转型。在对个性课堂理想形态的个性化解读的基础上，探索与尝试构建个性课堂的策略。

5.3 研究思路和研究方法

5.3.1 研究思路

(1) 设计调查问卷和访谈提纲，对学生课程需求以及学校课程资源现状进行调查。

(2) 大致确立课程开发的范围和框架，包括对国家课程个性化开发的方案，体现学校特色的校本课程开发方案，以及构建以个性课堂为主的课程实施体系。

(3) 进一步完善学校的管理体制，提出课程评价的初步设想。

(4) 提炼课程开发的策略，总结课程开发的流程。

(5) 提炼课程开发的理念，明确课程开发的目标，形成相对完整的课程体系。

(6) 评估课程开发的实施效果。

5.3.2 研究方法

本课题采取了行动研究法、课堂观察法、问卷调查法、访谈法和文献研究法。

1. 行动研究法

行动研究法是根据实际工作者的需要，由研究者和实际工作者共同参与，在实际工作中实施，使研究者与实际工作者的角色合二为一，使研究成果被实际工作者理解、掌握和实施，从而解决实际教学问题的一种研究方法。学校课题组立足于校园实际生活，发现实际情景中出现的问题，确立课程开发的范围和内容，对课程开发的过程、结果进行观察和反思，提炼课程开发理念，总结课程开发策略，提出课程评价设想。

2. 课堂观察法

课题组在使用课堂观察法进行调研时，一般分为三个步骤：确定观察的目的和计划→进入课堂与记录资料→分析资料与呈现结果。近五年来，课题组成员长期坚持进入课堂听课，课上记录，课后碰头，分享和讨论各自的听课心得和疑问，并撰写成听课笔记。课题组成员在听课时采取速记、录像、拍照等方式进行记录，在课后根据课堂情况对学生和教师进行随机访谈，并多次召开以课程结构、课程价值等为主题的研讨会。

3. 问卷调查法

通过问卷调查的方式搜集资料是一种快捷且有效的研究方法。课题组也多次通过这样的形式在学生中开展问卷调查。例如，"'快乐周末'课程实施效果的调查"、"附小学生阅读兴趣的调查"、"附小学生'Scratch 与创意设计'课程的学习情况的调查"、"'趣味田径'课程教学满意度的调查"等。

4. 访谈法

课题组采取访谈法进行课程开发效果的评估。访谈主题分为学生篇、教师篇和家长篇，每个访谈主题分别由一位主持人负责，另外分配几位研究生作为助理。每位主持人也并非各自为政，他们在空闲时也会参与其他主题的访谈。

5. 文献研究法

课题组注重文献来源的权威性、创新性和最新性，在遵循权威理论的同时也在创新本校课程开发的理论，在对最新文献分析的基础上对学校课程开发提出建设性的建议和意见。课题组主要阅读和分析有关个性化课程开发、国家课程个性化理解、校本课程特色化等方面的文献，同时分析与本校历史发展相关的文献资料，为研究提供事实依据。

5.4 创 新 点

(1) 建立本校个性化课程体系，形成本校个性化课程开发的理念。

(2) 提炼国家课程个性化开发的策略、实施框架和具体方案。

(3) 在 3～5 门学科内开发 1～2 门具有本校特色的校本课程，并提炼出特色化校本课程开发的理念和实施方案。

(4) 开发“快乐周末”校本课程，总结校本化课程开发的经验并将其提升到理论高度。

(5) 初步提出个性化课程的基本思想，构建个性化课程的实施策略。

第6章 研究过程

本课题的研究过程分起步、攻坚、总结三个阶段，具体研究过程如下。

1. 起步阶段(2012.1—2012.12)：转变观念、更新理念

本阶段的研究工作以“课题开题”为中心展开。首先，本校成立了以校长为组长的课题研究工作领导小组，确定本课题研究组的核心成员，并初步建立本课题研究的工作机制(即U-S)。其次，小组成员一方面深入学习《国家中长期教育改革和发展规划纲要(2010—2020年)》和各学科《义务教育课程标准(2011年版)》，广泛阅读相关文献，积极开展文献研究，认真撰写文献综述，另一方面设计调查问卷和访谈提纲，对学校课程资源现状和师生课程经验现状进行调查。最后，在广泛征求意见的基础上形成“开题报告”，并组织既面对专家学者又面对课题组成员的“课题开题”。努力把形成开题报告、组织课题开题的过程，变成重新认识学校、开展文献研究、凝聚教师共识、转变教育观念、更新教学理念的过程。

2. 攻坚阶段(2013.1—2014.7)：大胆创新、有所突破

本阶段的研究工作主要集中在以下几个方面：第一，根据“总课题”任务全面规划全校范围的子课题，并为每一个子课题逐一组织学校层面的“课题开题”，子课题研究方案的确定要历时大半年，每一个子课题的“课题开题”都有一个由校内外相关专家组成的团队进行评审和指导，这为课题研究工作的顺利推进夯实了基础。第二，调整本校原有的课程体系结构和作息时间，为课程开发与实施预留时间和空间。这一时期，本校在实践层面启动开设“快乐周末”校本选修课程，其开创了本校课程建设的先河，既是本校课程建设的创新，也是本校课程建设的突破。与此同时，国家课程个性化、校本化实施的各个子课题也依次根据课题开题专家组的意见进入了实践探索阶段。第三，整理课题研究《第一阶段研究成果集》，接受东湖新技术开发区教育局对本校课题研究的中期检查与评估，在此次课题研究的中期检查与评估中，本校以“优秀”通过。经过全校教师一年半的共同努力，初步形成了国家课程、校本必修课程、校本选修课程的个性化课程体系的雏形。

3. 总结阶段(2014.8—2015.12)：反思改进、总结结题

首先，在课题研究的中期检查与评估的基础上，通过问卷调查和访谈调研，收集课程开发与实施的资料、数据，并对收集的资料、数据进行整理和分析，评估课程开发与实施的效果，总结经验教训，并及时调整和改进。

其次，这一阶段的课程开发与实施逐步向精细化方向深化，开始关注人文、科学、交叉三个领域。国家课程和校本必修课程的实施，更加注重个性课堂的形成，校本必修课程个性化开发与实施的校本化特色进一步凸显。进一步规范和完善“快乐周末”校本选修课程的开发与实施，课程开发与实施者需要撰写相对详尽的课程方案，将由家长执教的“家长课程”融入“快乐周末”校本选修课程，该类课程正朝着“精品课程”发展。

最后，根据本校的教育理念(全人教育)、办学理念(给孩子完美的童年，让师生完满地成长)、办学目标(把附小办成一所面向未来，有科学涵养和人文关怀的现代化学校)和培养目标(平衡发展，快乐成长)。通过从理论和实践两方面多次对本校的个性化课程体系结构进行探讨，本校现已构建了“助力完美童年”的个性化课程体系(Ω课程体系)。

第7章　研究成果及分析

7.1　个性化课程开发的理论基础

本校在办学过程中逐渐形成了自己的办学理念、办学目标和培养目标，附小的办学理念是“给孩子完美的童年，让师生完满地成长”，办学目标是“把附小办成一所面向未来，有科学涵养和人文关怀的现代化学校”，培养目标是“平衡发展，快乐成长”。华中科技大学前校长杨叔子一直都在倡导科学与人文的融合，在杨叔子院士的带领下，华中科技大学开创了在工科院校进行人文教育的先河，作为华中科技大学的附属小学，附小牢牢把握“秉承华中科技大学文化传统”的文化定位，将“科学与人文的融合”作为附小发展过程中不变的文化主题，力求通过科学文化与人文文化的传承与熏染，提升、发展学生的科学素质和人文素质，明确将科学与人文相融合的课程开发理论基础。

7.1.1　全人教育与个性发展相统一

全人教育和个性发展是统一的。小原国芳说：“好的全人教育使个性完全发挥，全人教育与尊重个性二者决不是矛盾的，恰恰相反，这二者必须融合统一。完全的个性发挥，实质上就是好的全人教育……全人教育与尊重个性教育是一物之两面，而且，必须努力把二者融合为一体。”①

尊重个性并不意味着对学生自由放纵。“个人若是只支持自己，对他人概不尽责，那就几乎无存在的价值，也不可能成为‘完善的人’。”②提倡个性教育，发展人的个性，绝不仅指发展人的特殊才能，更不是单独发挥某些人的特殊才能，而是应当确立以全体学生为主体的教育理念，促进学生在获得全面发展的基础上，主体意识和独立人格也得以形成和发展。

全人教育不等于要学生样样都要学，全人教育的精粹在于让学生获得比较均衡的学习经历。这样，学生才有机会逐渐发现自己的兴趣和潜能，从而得到可持续发展。在一定时期内，全人教育及其培养目标还可能只是一种理想，一种可能不会完全实现的理想，但其又是一种不能放弃的理想追求。其所造就的全面发展的人，不是在精神、素养方面残缺的人，也不是“面面通，样样行”的所谓的多面手、全能人，而是博学与专精、德性与理智、人文与科学、理论与实践相互融通的人，是意情理和真善美的内在修养没有偏颇并能达到佳境的人。

7.1.2　科学教育与人文教育相融合

1. 科学教育与人文教育的区别

人类存在既有区别又有联系的两种形态的文化：科学文化与人文文化。科学文化“求真”，人文文化“求善”；科学训练思辨，人文涵育情感；科学辨析因果，力图解释事物的存在方式和相互

①，②　[日]小原国芳．小原国芳教育论著选(下卷)[M]．刘剑乔，等译．北京：人民教育出版社，1993：43，299．

关系，人文评价成败，致力于改善人际关系和社会环境；科学体现人类的工具理性，人文则体现人类的价值理性；科学强调是非对错，人文注重好坏善恶。科学文化与人文文化在内容、结构、功能等方面的不同特征和差异，使得两个系统各有相对独立的空间，确立了各自存在的依据与合法性。

科学教育旨在传授科技知识，发展学生的科技能力，引导学生认识科学技术的本质和社会作用，从而培养学生的科技素质；人文教育旨在促进人性的提升、理想人格的塑造，以及个人与社会价值的实现，其核心是人性教育，是人的灵魂与精神的教育。

科学教育传授学生真理，是“实然性”(to be)知识，描述客观状况，表述人们对客观事物、现象及其本质的认识，因而具有客观性、描述性、非情感性和非意志性；人文教育传授学生至善，是“应然性”(ought to be)知识，是主客体关系的一种设定，表述了人对自身行为的要求和内在的需要、愿望及兴趣倾向，具有主观性、目的性、情感性和意志性。①

科学教育主要发展学生的逻辑——认知层面素质（识记、观察、分析、综合、归纳等能力，以把握事物的本质、必然性、规律性为标志）；人文教育主要发展学生的情感——态度层面素质（不仅指人对认知的惊异、好奇的情绪情感，最根本的是指人对是非、善恶、美丑的爱憎喜厌情感，指人对客观事物的态度倾向和对行动的价值取向，以完整的人格和道德良心的形成为标志）。②

2. 科学教育与人文教育的融合

科学文化和人文文化是紧密联系的，人文中有科学的基础与珍璞，科学是人文的理性基础，没有科学的人文是残缺的人文；科学中有人文的精神与内涵，人文是科学的价值导向，没有人文的科学也是残缺的科学。科学是认识、改造世界的工具。近代以来，科学的力量日益强大，人世间的一切都不可能离开科学技术知识；人文是立身之本，人文力量是决定性的。科学技术归根结底要人去发现、发明、创造、传播、使用。科学技术可能异化为人的异己，但必须以人文为导向。

科学文化与人文文化的融合构成了文化整体，科学与人文、科学精神与人文精神、科学素养与人文素养、科学文化与人文文化交融互渗，构成科学教育与人文教育平衡发展的文化基础，因此教育应该成为连接科学文化与人文文化的桥梁。“随着学科交叉、融合，以及人类对世界认识的逐渐深化，人类文化的‘大统一’已成为一种必然趋势。因此科学与人义的融合也顺应了人类文化发展的大趋势。”③时代的发展越来越需要通识之才，通识之才要横跨学科，博学多艺，将不同学术领域打通。学校培养的人才应该是既能掌握某一门专业知识，又具备一定科学人文素养的通才，是既具有一定人文素养又具有一定科学知识的工作者。教育既要看到人文文化与科学文化的互补性，又要注意到二者的联系性，从互补性中发现各自的缺失，从联系性中开阔视野、促进发展。

全人教育的课程是整体平衡的，培养的整体平衡的“人”，是具有科学素养和人文素养的人。课程开发在总体上应构建科学和人文整体平衡的课程，努力消解课程领域的二元对立现象，恢复课程的联结性。具体来讲有以下几个方面：知识领域之间的联结，即建立人文学科和科学学科之间的联结，实现课程的综合化；身心之间的联结，即协调心灵与身体之间的关系，使学生能够健康和谐发展；理性和直觉之间的联结，即将直觉与传统线性思维方式相整合；个人与社区之间的联结，即重视学生与社区之间的关系，发展学生的人际交往技能、社会服务技能与社会行动技能；个体与地球之间的联结，即让儿童能听到动物的叫声、溪水的潺潺声和风的吼声。

①，②　李太平. 科学教育与人文教育——历史考察·理论探讨·实践探索[M]. 北京：人民出版社，2010：95.

③　方鸿辉. 蔚蓝的思维清澈的理性[J]. 科学，2005(3)：59-61.

7.2 形成个性化课程开发理念，确立课程开发目标

学校课程开发是指在坚持国家课程标准的前提下，学校依据自身性质、特点和条件，将国家课程转变为适合本校学生学习与发展需求的创造性实践，也是学校根据自身实际自主开发课程的过程，包括对教材的校本化处理、学校本位的课程整合、校本课程的开发、教学改革、多元评价改革等。

7.2.1 课程开发的理念

课程开发的理念是整个课程开发的指导思想，应反映学校文化和课程之间的关系，明确课程开发的最终目的、赋予教师的权力及范围。其形成不是一蹴而就的，而是学校立足于自身历史和文化，在寻求特色发展过程中逐渐加深对课程的认识的结果。

1. 课程体系的构建要立足于学校文化，要践行办学理念，形成办学特色

在课题研究的过程中，教师深刻认识到，课程作为培养学生核心素养的重要载体，必须集中体现国家意志。但是，如果仅仅忠实于实施国家所规定的课程，则很难完全适应不同地域的特殊情况，也难以照顾到不同学生的个性差异，这样将不利于学生的多样化发展。因此，学校在进行课程开发时，必须依据自身的办学理念，立足于本校的文化特色，这是学校课程开发的现实土壤。

本校依据办学理念、办学目标和培养目标，逐步探索并形成了适合本校校情和学情的课程体系，即“助力完美童年”的个性化课程体系。其中，“完美”一词理论上至少具有两层意思。一是全面性、完整性和系统性，培养出的学生应既具有科学涵养，又具有人文关怀，且各方面素质综合发展。学校从全人教育观出发，坚持科学涵养与人文关怀并重，对课程进行整体开发，促进学科融合。二是个性的充分发展。人的个性是一个整体，个性的整体性是教育的依据，整个教育过程必须从个性的整体性出发，教育本身应是全面的。作为个性教育的载体——课程必须体现其内在丰富性，这样学生的个性才能得到全面和谐发展。

2. 课程开发要考虑学生的个性需求和发展特点

人的个性是独特的，每个学生的需求是多样的，教学要考虑到每一个学生的独特性，应强调对人的独特性的培养。教育的目的是培养个性得到充分发展的社会公民。传统教育仅仅关注学生的认知发展，把学生当作承载知识的容器，却忽视了学生个体的独特性、主体性和创造性的发展，这是一种“目中无人”的教育。

从课程角度而言，课程应具有多样性，以满足不同学生的需要，促进学生个性的完善与发展。学校课程开发既要保证共性要求，又要照顾个体的特点和需求。个性发展是学校课程体系构建的出发点和归宿，学校课程开发首先要依据学生的个性发展特点，使每一个学生在某一个领域、某一个方面得到充分的发展。

附小强调全人教育——培养“完整的人”，即躯体、心智、情感、精神、心灵力量融汇一体的人。如何将全人教育与个性教育统一呢？附小的理解是，一个各方面都优秀的人不一定是一个完整的人，重点是各方面的发展都能“融汇一体”，即个性在个体身上能得到平衡发展。因此，从某种意义上说，全人教育也是让个性充分发展的教育。本校力求做到使每一个学生都有一门特别喜爱的学科，都有自己最爱阅读的书籍，使学生在某一个领域、某一个方面得到充分的发展，以充分显示其个性，帮助他们在无数的生活道路中，找到一条能鲜明地发挥他们的创造性、个性、才能的生活道路。

基于全人教育和个性教育理论，本校构建了完整的课程体系，既着力推进国家课程的校本化开发，又创造了丰富多样的校本课程，为学生提供了多样化的课程选择，并整合了多种形式的课外活动，让学生的个性得到充分展现，促使每个学生的个性都得到有效发展。

3. 课程开发应突出教师作为研发者的主体地位，促进教师发展

赋予教师课程开发的权利，能增进教师对学校课程乃至对学校的归属感，让教师真正从工作中获得创造的快乐和成就感，成为有生命活力的专业人员。正如斯滕豪斯所言："每个课堂都是一个课程实验室，每个教师都是一个课程实验者，他们通过自己的课堂教学实践时时刻刻检验、发展并具体化国家的课程理想，并形成合乎本校特点的课程理想与实践。"在这个过程中，教师所获得的成长，特别是对课程理念的领悟，是任何经验推广模式都很难达到的。传统的教师角色是进行课程实施，教师是课程实践的主体，新课程改革促使教师角色发生转变，教师不仅是课程的实施者和研发者，更是课程整合与开发的主力。

基于以上认识，学校建立了从领导层到发展部、课程部、保障部、教研组等部门通力协作，分阶段、可持续、全员参与的课程开发模式，组织教师学习课程理论，广泛开展课程研讨活动，审视现行课程与教材，完善课程结构，充分体现了附小"给孩子完美的童年，让师生完满地成长"的办学理念。

7.2.2 课程开发的目标

1. 构建完善的课程体系，优化课程结构

根据本课题的研究目标和研究内容，需要进一步审视课程类型，推进国家课程校本开发，开发独立的校本课程，整合学校各类课外活动、社团活动、年级活动、全校性活动，使校本课程课程化，从而构建体现全人教育思想、促进学生个性发展的个性化课程体系，并且完善和优化课程结构。

2. 开发特色校本课程，丰富学生的选择

本校课程建设以培养目标为准绳，开发了约 60 门校本课程，供学生自主选择。在实施过程中，一是突出学校特色，删减重复和质量不高的校本课程；二是让校本课程更具综合性、研究性、实践性，要求综合课程达到 70%。

3. 二次开发国家课程，提升课程的适应程度

一方面，附小对某些国家课程进行学科内的校本化开发，包括调适课程目标、调整课程内容、改革教学方法以及设计个性化作业。另一方面，附小将某几个学科进行了跨学科整合，并融入了新的内容载体。例如，附小把"品德与生活"、"品德与社会"、"研究性学习"、"社会实践活动"等课程整合成了一门新的课程——"慧心 1+1"。

7.3 在研究中逐步凝练课程开发的策略

附小自 2012 年开展本课题研究工作以来，课题组立足于学校实际，主要通过课堂观察法、问卷调查法、访谈法等研究方法，来分析本校课程结构中存在的问题，并总结了课程开发的经验教训，逐步形成了课程开发策略，包括现实背景分析、资源的综合运用、课堂与新技术的融合、提升教师课程开发实施能力、多方合作等。

1. 分析校情

首先，附小课题组对学校自身的地理环境、教育教学特点、硬件设备、教师资源、行政管理特点、学生状况等方面做了SWOT分析(见表1),明确了本校进行个性化课程开发的优势、劣势、机会和威胁。

表1 华中科技大学附属小学SWOT分析

因素	S(优势)	W(劣势)	O(机会)	T(威胁)
地理环境	①位于大学城腹地,资源丰富,自然环境优美,学习氛围浓郁 ②位于武汉东湖新技术开发区,社区教育资源丰富 ③对口初中的社会声誉高、教育质量高	武汉东湖新技术开发区基础教育水平整体不高	有大学与教育部的支持,学校发展基础良好	①武汉东湖新技术开发区新成立的小学起点高、发展快,与学校形成竞争关系 ②周边小学追求应试教育,这对学校实施素质教育造成了压力
教育教学特点	①学校历史悠久,办学水平高 ②素质教育落实到位 ③学科的特色优势明显 ④教育信息化水平较高 ⑤教育理念清晰并已形成体系	①学校课程未能有力支持培养目标 ②学校尚未形成系统的教育教学思想 ③学校特色还不突出	①行政约束较弱,课程教学的自主权相对较大 ②院校协作资源较多 ③课程改革进入深化阶段	①作为教育部直属小学,家长和社会对学校的期望使教育教学改革压力倍增 ②日托班的取消减少了学生学习校本课程的时间
硬件设备	①学校各类场馆设施、专用教室齐全 ②学校信息化设备先进 ③各类专用教室个性突出 ④学校环境儿童化	现代教育技术与课程、教学的整合还不够	学校建成了智慧教室,在教育技术设备上领先其他学校	难以提高场地、信息化设备的利用率和现代化水平
教师资源	①教师文化素质较高,基本具有本科及以上学历 ②拥有多名骨干教师、学科带头人等 ③教师水平高,合作精神及进取心较强	①教师的课程意识和教学能力有待加强 ②部分教师自主发展意识淡薄,学校缺乏对教师的引导,也没有形成合适的激励机制 ③教师科研能力总体较弱	学校重视教师培训,投入多,这使教师学习的机会变多	①教师缺乏对专业发展的自主规划 ②教师缺乏细致的、持续有效的专业指导 ③教师缺乏有针对性的、系统的在职培训
行政管理特点	①行政人员责任心强、办事效率高 ②行政管理比较民主 ③管理政策比较规范、完善	各部门之间的信息交流、合作欠缺,需要更好地整合以提高办事效率	学校领导已经注意到了部门整合的问题	学校的知识管理水平还有待提高
学生状况	①学生素质较高 ②学生学习态度良好,求知欲高,学习能力强 ③家庭学习资源丰富 ④学生问题意识强,创新精神突出	部分学生比较以自我为中心,缺乏集体意识和奉献精神	学校开展特色校本课程,培养学生的能力和个性	①家长的要求越来越高 ②学生的精英意识可能会削弱他们的人文精神

其次，课题组对学生的兴趣进行了问卷调查，通过对问卷调查数据的录入和分析，将分析结果反馈给每一位老师，老师再根据学生的兴趣和需求，结合自身的学科背景和专长开发校本课程，最后提交课程方案。

最后，课题组有针对性地进行了学情调研。语文学科采用问卷调查形式，针对小学生课外阅读情况对二年级学生进行了抽样调查，调查问卷包含四项主要内容：学生基本情况、课外阅读内容、课外阅读时间、课外阅读方式。信息学科在六年级开展了附小学生“Scratch与创意设计课程”的学习情感调查。体育学科进行了趣味田径教学满意度的调查。学校还进行了关于“快乐周末”活动课程的问卷调查、课堂观察，研究了学生对“快乐周末”活动课程的了解、感受等。

2. 结合本校学生的实际情况，广泛开发课程资源

课程资源是课程建设的基础，也是支撑课程有效实施的重要条件和保证。个性化课程开发需要考虑学校的资源条件，包括物质资源、人力资源、信息资源等。在课程建设的过程中，本校各学科都在注意课程资源的积累，按照实用性、丰富性、开放与生成性、师生双主体性等原则来建设课程，充分利用图书馆、网络室、校外实践基地等来挖掘可利用的课程资源，使学校课程开发拥有坚实的资源支持。同时，本校还根据学生的实际情况，积极创造条件，引导学生利用自己的生活网络开发课程资源，实现课程资源的信息化应用，也为教学方式的转变提供了更好的支撑，为个性化课程开发营造了一个良好的资源环境。

例如，美术组教师就从以下几个方面对美术课程资源进行了开发与利用。在人力资源方面，为美术组配备师资力量雄厚的教师团队，同时引入教育专家、学科专家、其他学科教师、民间艺人、艺术家等重要的人力资源，并经常接待来自美国、西班牙、德国的美术专业人士到校进行艺术教育考察与交流，为美术组更好地开展教学提供指导和借鉴，同时也为美术课程特色的形成与推广起到了重要的作用；在物力资源方面，本校美术教师以多种方式整合湖北特色地域文化课程资源，引导学生了解美术作品与本地域地理、历史、经济、民俗的联系，本校有绘画、陶艺、色彩、工艺四间美术专业教室，美术组教师结合教室用途以及自身的专业特长，将四间教室布置得色彩鲜艳、风格迥异，洋溢出浓郁的艺术气息。美术组教师还将现代化教育技术手段引入到了美术课程中。

3. 推动信息技术与学科课程的深度融合，打造智慧学习

附小是武汉市为数不多的拥有全套苹果设备的学校。学校积极探索APT信息化教学模式，把评价手段（assessment）、教学方法（pedagogy）、信息技术（technology）融为一体，打造信息化环境下的高效课堂，努力转变学生的学习方式。

例如，体育教师充分利用网络信息资源，积极引导学生进行课外阅读、观看与体育和健康相关的内容，以及上网了解和学习关于体育奥林匹克、运动损伤、疾病预防与处理的知识等，让学生通过网络进行自主学习。教师还可运用多媒体信息技术，让学生通过观看视频更直观地学习自护自救的处理方法以及体育技能的动作要领。

4. 提升教师的课程开发力

学校创造各种条件为教师提供多种形式的继续教育以及终身培训，不断更新教师的知识储备并提高他们的专业素质，建立以校领导、教师为主的民主开放的校本培训机制，实施校本培训等，努力使校本培训制度化、规范化。

例如，本校各年级语文学科组根据自身已有的研究基础和研究兴趣，确定研究内容，采取集中教研和年级教研的方式，以专题的形式开展了一系列的课题研讨，每次研讨的主题都比较集中，诸如教师外出学习的主题汇报，侧重于讨论课程整合后教师怎么教、学生怎么学，构建出一个有利于学生今后长远发展的评价体系。语文学科组以专题的形式开展了一系列的研讨活动，例如：课外阅读指导课的校本阅读课程研讨、“个性化教学”教研活动、基于智慧教室项目的识字方法习得的教研活动、个性化课程实施课例研究活动、“小学语文阅读课程开发与实施”及“小学语文群读类学课题研究与实验”课题研讨、“把握课标理念，创新教研行为”主题集体教研活动、“课内比教学”教学研讨活动、“基于学生视角下的教师专业发展”专题研讨、“完善学科课程建设，深化语文教学改革”的专题研讨、合作学习系列培训与观摩研讨、“iPad技术在语文学科教学中的运用”专题研讨等。

在教师培训中除了充分挖掘校本资源之外，还要注重利用大学的学科资源优势、科研梯队优势来促进本校课程体系建设、校本课程开发规划、课程评价指导、师资队伍培训和联合课题申报等方面的工作，实现大学和学校的互动共生。

5. 多方合作共同开发个性化课程

国内外课程研究与实践的发展史表明，校本课程顺利开发的关键是建立课程行动研究协作队伍。在学校外部，需要和地方教育局的主管领导、课程专家、学科专家保持密切的联系，不断地与他们进行沟通与交流，以获得课程开发的相应条件和理论支持。在学校内部，需要学科教师、分管领导和校长之间形成课程研究与实践的共同体，并建立内部反馈、激励机制。只有内外协作、群策群力、分工合作，才能有效促进课程的开发和实施。

附小个性化课程开发是在多方共同合作中进行的。其中，U-S合作方式较好地推动了附小课程开发的研究，华科大教科院也参与到了附小的课程开发研究中来，不仅给附小提供了理论指导，而且在课程体系构建、课程价值分析等方面，帮助附小做了大量的研究工作，同时给予了附小许多指导和帮助，从而使附小课程的建设更加完善、合理。

7.4 构建“助力完美童年”的个性化课程体系（Ω课程体系）

课程体系是办学理念、教育目标和教育内容的重要载体，也是学校教学活动的主要依据。课程体系构建是一项艰巨而复杂的系统工程，既要有科学的依据（理论基础、参考因素等），又需要学校管理者的高效领导、高水平教师队伍的主动参与、与大学和其他多方的互动交流等，经过多方协作，附小初步确定了课程体系的基本框架。

学校在立足国家课程，开发校本课程，整合课外活动的基础上，精心设计了“助力完美童年”的个性化课程体系框架（见图1）。课程总体结构呈现在两个倒立的“Ω”图形中，希腊文中的“Ω”是第二十四个希腊字母，亦是最后一个希腊字母。第一个希腊字母“Alpha”，指事情的开始，“Ω”用来指事情的终结，象征完美、成就与卓越。附小试图以一种简洁的方式来表现学校的整体课程结构，并表达学校的课程理念。

学校课程分为三大模块：人文领域、科学领域、交叉领域。体现了全人教育思想，实现“把附小办成一所面向未来，有科学涵养和人文关怀的现代化学校”的办学目标。学校课程的具体设置见表2，表中的国家课程和校本必修课程是面向全校所有学生的课程，旨在促进学生核心素养的全面发展，体现了基础性、完整性和系统性。校本选修课程是学生依据自己的兴趣、需求自主选择的课程，旨在满足学生的个性需求、促进学生的个性发展，该类课程多为综合类课程，体现了选择性、综合性和实践性。这一整体课程结构，着眼于在总体上实现“平衡发展，快乐成长”的培养目标，实现全人教育与个性教育的统一、科学教育与人文教育的融合。

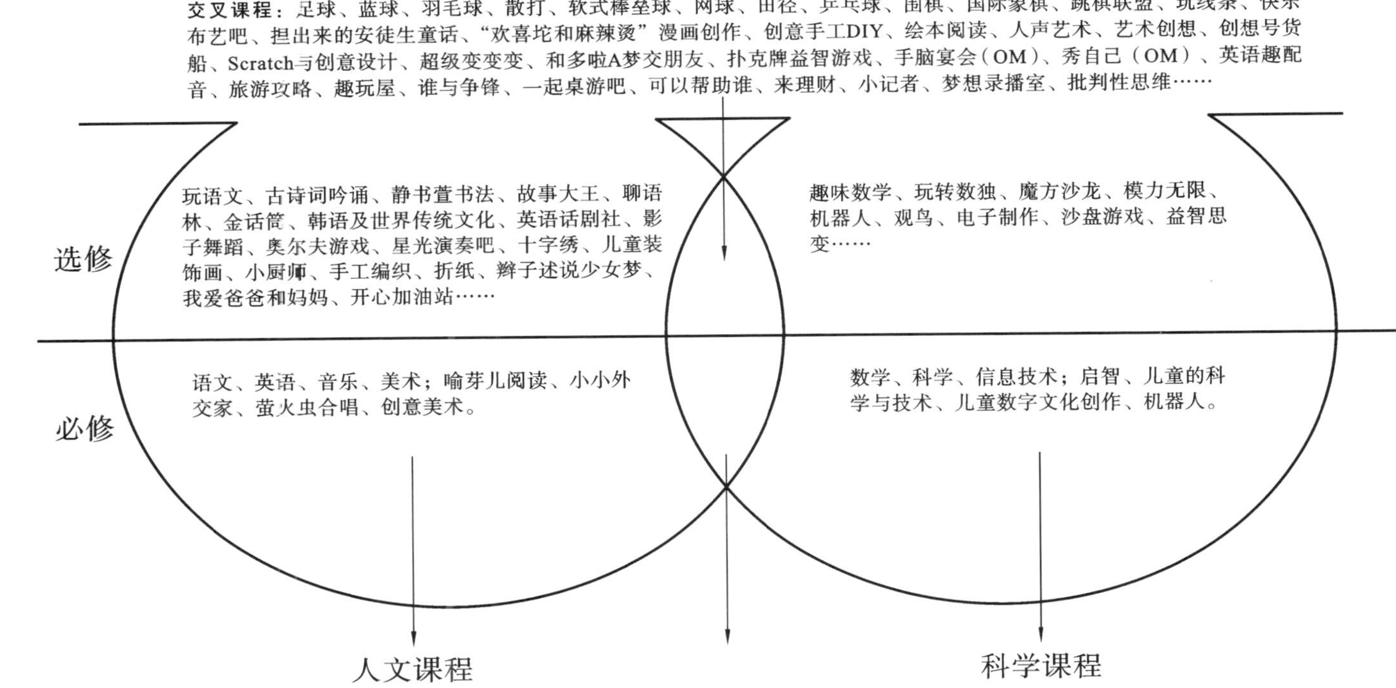

图1 个性化课程体系框架

表 2　学校课程设置一览表

课程类型 / 课程领域	国家课程（地方课程）	校本课程	
		必修	选修
人文领域	语文、英语、音乐、美术	喻芽儿阅读、小小外交家、萤火虫合唱、创意美术	玩语文、古诗词吟诵、静书萱书法、故事大王、聊语林、金话筒、韩语及世界传统文化、英语话剧社、影子舞蹈、奥尔夫游戏、星光演奏吧、十字绣、儿童装饰画、小厨师、手工编织、折纸、辫子述说少女梦、我爱爸爸和妈妈、开心加油站……
科学领域	数学、科学、信息技术	启智、儿童的科学与技术、儿童数字文化创作、机器人	趣味数学、玩转数独、魔方沙龙、模力无限、机器人、观鸟、电子制作、沙盘游戏、益智思变……
交叉领域	体育与健康、慧心	趣味田径、围棋、头脑奥林匹克、杨叔子课程	足球、篮球、羽毛球、散打、软式棒垒球、网球、田径、乒乓球、围棋、国际象棋、跳棋联盟、玩线条、快乐布艺吧、捏出来的安徒生童话、“欢喜坨和麻辣烫”漫画创作、创意手工 DIY、绘本阅读、人声艺术、艺术创想、创想号货船、Scratch 与创意设计、超级变变变、和多啦 A 梦交朋友、扑克牌益智游戏、手脑宴会(OM)、秀自己(OM)、英语趣配音、旅游攻略、趣玩屋、谁与争锋、一起桌游吧、可以帮助谁、来理财、小记者、梦想录播室、批判性思维……

7.5　多方面促进国家课程个性化实施

国家课程个性化实施是学校课程开发和实施的重点，是把国家课程纲要、标准和教材付诸实践的过程，需要课程设计者、教师和学生三者之间进行互动和对话，这也是把课程专家和学科专家提出的“应然”的“大众化课程”转化为学生的“实然”的“个性化课程”的过程。自 2012 年以来，在课题研究的推动下，学校围绕办学理念和培养目标，试图根据学校的实际情况对国家课程进行个性化开发，从而创造性地执行国家课程。

7.5.1　对国家课程的整合优化

国家课程标准具有普适性，因为国家课程是针对全国学生的，附小根据本校实际情况对课程内容进行了适当的调整，包括补充新内容、替换少量不适的内容、忽略或强化某些内容等，从而形成一个与本校学生实际相适应的、相对完整的课程体系。还要突出课程内容的适应度，使教学内容贴近学生生活，从而促进学生个性朝多方面、综合的方向发展。

语文组对语文教材内容进行选择、改造，构建适合本校和本校学生发展需要的课程内容，包括对整册教科书的重组和基于文体内容的整合。学科组采用思维导图的模式，对整册教科书进行重组，开发了基础课、阅读课、实践活动课等课程类型，形成“单元整合、多课渐进”的语文教学模式。这一重组思路实现了语文的单元整体教学方式，从而使课程类型更丰富，课时数减少，这有效减轻了学生的负担，同时引导教师从小单元、分散教学中走出来，站在更高的层面把握教学目标和内容。语文组还把不同文体、不同内容的阅读材料整合为一个整体，为学生全面了解科学、人文、社会、历史等方面提供了空间，为学生的理解能力、写作能力等多方面人文素养的发展提供了机会。例如将《别董大》、《淮上与友人别》、《送元二使安西》、《赠汪伦》、《黄鹤楼送孟浩然之广陵》这五首送别诗组成"送别诗一组"，从而实现整体教学。

数学组基于对附小学生发展环境的分析以及学校的办学理念，提出数学素养培养的校本化目标为"爱数学、会思考、善运用"。在对数学课程标准和相关教材进行深入分析后，数学组教师依据数学知识结构和思想方法结构进行"板块建模"，从数与代数、图形与几何、概率与统计、综合与实践四个领域的课程内容中抽离出数与形的认识、数的运算、形的测量与运动、解决问题这四个核心板块。

美术组在深入分析学情的基础上，结合教学内容的类型和难易程度，将课程总目标细化，确定了不同阶段的教学目标，既有长期的目标计划（学年教学目标、学期教学目标），也有短期的具体目标（单元教学目标、课时教学目标）。美术组教师在严格遵循学科知识逻辑和学生心理发展逻辑的基础上，对人美版一至十二册的教材从内容择取和组织编排两个方面进行了整合，完成了《国家课程美术教材知识结构整理汇编》的制定、修订工作。该汇编以"造型·表现"、"设计·应用"、"欣赏·评述"、"综合·探索"四个学习领域为主线，对每一册教学内容进行教材分析、重难点规划、重组完善及自创校本内容的补充，重新构建了一套更加完善、科学、合理、契合学生需求和本校特色的教学内容体系，形成了一个由易到难、由简到繁、由浅入深、逐步推进、前后衔接、纵横贯通的目标内容体系。

音乐组以国家课程体系为载体，对教材进行补充和重组，增添了学生喜爱的动漫音乐、励志流行歌曲、经典影视音乐等，运用奥尔夫课程的教学方法构建了以合唱为中心的奥尔夫音乐课堂，融知识性与趣味性于一体，可以更好地培养学生的音乐兴趣和学习热情。

科学组针对以往科学教学中存在的概念不清、学习目标不明、学习兴趣不浓、联系生活不紧、教学效果反馈不力等方面的问题，借鉴美国 STC 课程的一些做法，以单元教学目标为依据，构建了基于"测查、激趣、挑战、反馈"的单元整体教学模式，力图克服以往教学中存在的问题。

7.5.2 开发与国家课程相对应的校本课程

为了更好地满足学校和学生的个性化发展需求，学校开发了与国家课程相对应的校本课程。例如，数学学科的"启智"、语文学科的"喻芽儿阅读"，该类课程既是对国家课程的丰富与补充，也是学校课程创新能力的体现。

数学组在对《义务教育数学课程标准(2011 年版)》中提出的 10 个核心概念（即数感、符号意识、空间观念、几何直观、数据分析观念、运算能力、推理能力、模型思想、应用意识和创新意识）进行深入研究之后，依据本校"爱数学、会思考、善运用"的校本化目标，创生了数学校本课程"启智"，其课程目标是：使学生获得适应社会生活和进一步发展所必需的数学基础知识、基本技能、基本思想、基本活动经验；体会数学知识之间、数学与其他学科之间、数学与生活之间的联系，运用数学的思维方式进行思考，增强发现和提出问题的能力、分析和解决问题的能力；了解数学的价值，提高学习数学的兴趣，增强学好数学的信心，养成良好的学习习惯，具有初步的创新意识和科学态度。"启智"课程的开发，一方面将学习内容与学生生活紧密结合在一起，补充了通用教材；另一方面使数学学习情景化，这可以培养学生的数学思维，并且使学生感悟数学的思想方法。

语文学科的"喻芽儿阅读"是语文组在《附小课外阅读课程纲要》的引领下，自主开发的一门融感受、理解、体验、品味于一体的校本课程。语文组教师提出了课外阅读的理念（即阅读是对话的阅读、阅读是探究的阅读、阅读是独特的情感体验),探讨了指导方法(即激发学生的阅读兴趣、培养学生良好的阅读习惯、掌握有效的阅读方法),有效促进了学生语文素养的提升。目前,附小自主开发的校本阅读课程有6门,分别是:“国学经典”、“阅读课”、“我爱读书”、“故事大王”、“古诗词吟诵”、“绘本阅读”。

7.5.3 国家课程和教师开发课程融合

附小综合组把国家课程和本校教师开发的课程融为一体,形成了一门具有本校个性特色的课程——“慧心”。该课程由“品德与生活(社会)”、“研究性学习”、“劳动与技术”课程融合而成,以“头脑奥林匹克(OM)”活动为载体,进行单元式或主题式的综合性学习。本课程的开发源于附小“平衡发展,快乐成长”的培养目标,倡导全人教育。“慧心”是本课程的价值追求,意指“智慧的心灵”,即用智慧把世界变得更美好,具体目标定位为知识的重构与创建,并且关注学生五个方面能力的提升,包括文本的阅读理解能力、写作能力(编写剧本、广告词)、创意能力、制作能力(科技制作、道具制作、绘画)和表演能力(歌唱、舞蹈、口头表达、情景剧)。该课程具有综合性、生活性、开放性、创新性、探究性、(社会)实践性、合作性等特点,是学校综合课程的典型代表。

附小的“体育与健康”课程也是国家课程与学校课程相融合的典范。依据《义务教育体育与健康课程标准(2011年版)》和人教版《义务教育体育与健康教师用书》,并结合本校的师资队伍、场地与器材、学生的体育基础等方面,学校开发了“趣味田径”、“拓展游戏”、“自护自救”、“小学体育室内课教材”四门校本课程。

2000年国家教育部制定的《中小学信息技术课程指导纲要(试行)》颁布以来,信息技术类课程作为小学必修课程得到了实施和推广,在全国也出版了多种版本的相关教材,本校教师对各种教材进行了对比,通过选择、重组、拓展、补充、整合,开发了“机器人”和基于Scratch平台的儿童数字文化创作课程——“Scratch与创意设计”这两门信息技术类校本课程。

根据教育部《义务教育课程设置实验方案》(教基[2001]28号)的课程设置说明:“晨会、班队会、科技文体活动等,由学校自主安排”。学校开发了班队会课程——“文明礼仪十二个‘学会’”。

7.6 推动课外活动的课程化建设

学校的课外活动一般存在两种倾向:学科化倾向和单纯的活动倾向。前者固守学科课程模式,难以突出活动的综合特点和优势;后者容易缺乏系统性,活动内容零散,活动组织随意,忽视了课程价值,削弱了教育功能。自本课题研究以来,学校以学生生活实践为基础,努力把这些零散的活动课程化,帮助学生建立书本知识与现实生活之间的有机联系,发展学生的实践能力和创新能力,活动方式以主题为主,教学空间从课堂延伸到社会,教学主体从教师过渡为教师与家长合作,让学生在与世界的开放联系中不断拓展思路、开阔视野、创生意义。这类课程在设计上具有综合性、实践性和研究性,在实施上以学生的活动、学生的探究、学生的自主学习为主。

科学组“1+8+12”课程就是把原来零散的课外活动加以整合,形成一门目标明确、内容系统的课程。经过多年的尝试和实践,科学组在常规科学活动方面已经逐步形成了“1+8+12”的课程模式,该课程既包括校内科技节活动,也包括校外实践活动,在开拓学生科学思维与创新思维的同时,也在锻炼学生的实际动手能力和观察能力,为学生形成良好的科学素养搭建了较好的平台。

语文组以形式多样的读书节为载体，逐步形成一门有相对稳定的活动内容和活动方式的校本课程，其目的是激发学生的读书兴趣，培养学生的读书习惯，教授学生读书方法，培养学生的读书能力，营造良好的读书氛围，引导学生遨游书海，增强学生的文化底蕴，塑造内涵丰富、特色鲜明的校园书香文化，促进学生人文素养的提高。

数学组在总结多年数学活动经验的基础上，初步形成了一门“数学‘趣’哪儿”校本课程，其目的是帮助学生发展数学应用能力，增强学生对数学的热爱，内容主要是数学与生活及其他学科相联系的活动。例如，三年级的“我是小小绘图专家”、“时间中的奥秘”，四年级的“不可思议的结果”、“营养午餐”，五年级的“小学生消费状况调查”、“有趣的体积测量”等活动。

从2012年开展第一届MAX音乐节开始，一年一度的音乐节已成为附小学生期待的欢乐节日，附小至今已成功举办了四届音乐节。音乐组在总结历届MAX音乐节的经验基础上，逐渐开发出了一门校本课程，其目的是让学生感受中国民族音乐文化与西方音乐文化之间的差异；让学生的听音乐、演奏乐器、制作乐器等方面的能力得到发展；让学生在齐心协力的合作中感受到音乐的美，体验到相互合作的快乐；营造良好的音乐氛围，促进学生积极参加音乐活动，激发学生学习音乐的兴趣，将音乐文化渗透到每个学生的心中；将中国传统民族音乐与京剧表演文化相结合，将流行歌曲与经典歌曲相结合。音乐节由“欢庆元旦”、“走进京剧”、“欢乐舞会”等活动组成，尽管每年正式的活动时间只有半天，学校仍希望把一年一度的音乐节开发成一个有不同主题的系列课程，让学生从中聆听美妙的旋律，感悟音乐的真谛。

7.7 “快乐周末”校本课程的开发

7.7.1 “快乐周末”校本课程开发的背景与过程

附小在2012年开始进行“个性化课程多元理解与整体开发研究”时，就根据学校的情况，结合学校和社区的资源，设计和开发了“快乐周末”校本课程。学校管理层也高度重视此项工作，尽最大努力为学生和老师提供优质的资源，如增加经费投入、改善教学设施、提供教学器材、外聘专业人员任教等。

首先，通过调查学生的需求。教师根据学生的兴趣和需求，结合自身的学科背景和兴趣开发课程、提交方案。学校对开发的校本课程进行筛选，选择出优秀的课程方案在全校公示。学生通过网上选课系统自主选课，许多家长也参与到选课过程中来，帮助学生在网上选课。针对选课扎推和系统繁忙等情况，学校信息技术部门及时处理了相关问题，并对选课系统进行了有效的管理，保证其能够正常运行。

其次，确定课程结构。通过调查学生需求，结合学校的特色和资源，学校初步开发了约60门课程。在实施过程中，学校管理者、教师和大学研究者共同讨论适合本校的“快乐周末”校本课程结构。

最后，确定课程实施方式。“快乐周末”校本课程采用走班制的上课形式，不同于以往固定的班级授课形式，学生在网上选好课后，根据自己所选的课程到不同的地点学习。每一门课程有两名教师，一名负责教学，另一名为助教，在动手实践类的课堂上，教师和学生的互动频繁，学生参与课堂的积极性很高，这类课程在课后都会有作品呈现，这有利于调动学生学习和参与的兴趣。

7.7.2 “快乐周末”校本课程开发的主要内容

1. 课程目标

附小校本课程的开发要依据学校的培养目标，在此基础上，再研究学生的兴趣、当代社会生活的需要、学校本身的教学条件，以及专家的建议。附小校本课程在落实“平衡发展，快乐成长”的培养目标的基础上，还要培养学生的兴趣，以满足每个学生的不同的发展需要，促进学生的个性发展。

2. 课程内容

经过两年多的校本课程开发，本校“快乐周末”校本课程现在已经有 6 大类别，共包括 63 门课程，课程种类丰富，课程质量也在逐步提高；其次，教师与家长对课程的探索也在逐步深入。“快乐周末”校本课程开发的方式是多样化的，例如，对国家课程的拓展有“趣味数学”、“古诗词吟诵”等；改编的课程有“Scratch 与创意设计”、“硬笔书法”等；整合的课程有“自然体验”、“魔方沙龙”和“来理财”等；新编的课程有“机器人”、“小小漫画家”和“玩线条”等。

3. 教学组织

“快乐周末”校本课程的授课时间是每周五下午，时间是两个课时，一学期共十二次课。大部分学生都是根据自己的情况，在网上自主选课，然后采用自主走班上课的形式，每个班级不超过 30 人。这种选课和上课的形式，可以让学生发挥自己的主动性，认识到自己的兴趣和特点，也为全面培养学生提供了平台。

4. 教学方法

“快乐周末”校本课程的教学形式比较多样化，大部分的教学形式为“教师讲授→学生自主学习→小组合作→个人展示”，这说明在“快乐周末”校本课程中，教师对教学环节做了精心安排，也说明教师们已具备了较强的教学能力。通过观察发现，现在在许多课堂中，教师将课堂交给学生，尤其是对于操作性强的课程，这体现了以学生为本的理念，可以发挥学生的主动性，并且让他们收获快乐。多数教师在课堂中都能运用多样的教学方法，比如讲授法、小组讨论法、演示法等，并在教学过程中注重和学生的互动，对于学生的表现，教师也会采用相应的鼓励机制等。

7.7.3 “快乐周末”校本课程结构的分析和构建

“快乐周末”校本课程结构的构建，要体现本校全人教育的思想，落实本校的办学理念和培养目标，立足于学生的个性发展。因此，本校在构建这一部分课程体系时，努力将全人教育、个性教育，以及办学目标、培养目标落实在课程体系结构中，从人文、科学、交叉三个领域，按照“平衡发展，快乐成长”的培养目标要求，分两级构建课程结构。

第一级是课程总目标——“平衡发展，快乐成长”。这是“纲”，“纲”举方能“目”张，这个“纲”凝集着附小师生和家长的智慧与期望。

第二级是三大领域——人文领域、科学领域、交叉领域。人文素养、科学素养是学生作为“人”应具备的基本素养，它们以整体的方式存在于个体之中，学生是否能获得快乐的成长、平衡的发展，取决于学生人文素养和科学素养的高低。按照“三大领域”课程结构，对现有约 60 门课程的分类见表 2 中的选修课程。

从表 2 可以发现，本校“快乐周末”校本课程具有如下特点：① 课程数量较多、课程种类全面，尤其关注学生的自我发展；② 语言思维类、艺术创作类课程较丰富，这与附小将科学和人文相融合的办学特色一脉相承，而且“快乐成长”的价值也充分彰显。

7.8 构建以个性课堂为主的课程实施体系

7.8.1 个性课堂的理念和实施策略

课程实施的主阵地和基本途径是课堂教学，所以课堂教学变革是学校个性化课程开发得以顺利进行的关键。本校从关注学生个性、促进学生个性发展出发，树立了个性课堂观，通过构建具有本校特色的个性课堂，推动原有课堂教学形式的深刻转型。

1. 提出个性课堂的理念

课堂是形成个性的重要途径，任何课堂都会对个性产生影响，但不是任何课堂都能促进良好个性的形成，只有能自觉地、有意识地培养学生积极个性的课堂才是大家向往的课堂。个性课堂是针对标准化课堂而言的，本校个性课堂的构建围绕以下几方面展开：教学目的、师生关系、教学过程、教学方法。

附小提出个性课堂的教学目的不在于仅让学生获得书面上的知识，而在于意义建构。所谓意义建构是指学生基于已有的经验对知识进行接受与解读，进而在大脑中建立自己独特的个性化意义体系的过程。意义建构对学生的个性化发展具有实质性意义，通过意义建构，"学习者建构客体与自身的关系，建构未知世界与已知世界之间的联系，也建构知识与知识之间的关系"①。正是新意义的建构与生成，才使学生的精神世界得到丰富与拓展，使个体实现自我更新，获得真正意义上的个性化发展。个性化意义建构是学生实现个性化发展的关键环节。

附小教师希望重建课堂的师生关系，反对把课堂仅仅当作灌输知识、规训学生的场所和教师独白的舞台，以及把学生看作不起眼的"观众"，重新建立师生间的主体关系，即"我-你"的关系，不再是"我-他"的关系，提倡师生相互敞开内心世界、真诚合作、互相包容，接纳与理解对方。这种关系决定了师生关系是一种共生关系，即相互依存、共同生长的关系，一方的存在状态以另一方的存在状态为条件和依托，一方存在状态的变化直接或间接地对另一方的存在状态产生影响。

本校强调课堂的动态生成性，提倡教师把学生在教学活动中产生的各种状态和表现看作是课程资源并加以开发和利用；教师不再是预先规定的教学计划的忠实执行者，而是课堂气氛的营造者、认知冲突的制造者、课堂讨论的参与者、课堂"意外"的发现者、多种资源的编织者。教师不再把教材视为圣经，而是把教材定位为师生对话的文本，师生在对教材的意义解读中，不断地构建和生成新的意义；教师不再把教案视为剧本，让死的教案束缚活的人，而是充分重视学生的反应和提出的问题，及时对教案进行修改和补充，让教案发挥辅助（而不是控制）作用。在这种教学过程观指导下的课堂承认学生发展的独特性和差异性，把学生当作丰富多彩、主观能动的生命个体来看待；加强了知识与生活世界之间的联系，有力地促进了知识与学生之间的沟通，促进了知识与学生精神世界之间的交流；把学生由被动的知识接受者变为主动的知识发现者和创造者；培养了学生的问题意识、批判精神和探究发现能力。总之，动态生成的课堂使得知识意义的动态生成得以实现，从而促进学生个性的充分展现。

在附小教师看来，个性课堂不仅是教师对学生进行"说服"、"讲解"的过程，更是学生和教师相互

① [日]佐藤学. 课程与教师[M]. 钟启泉，译. 北京：教育科学出版社，2003：327.

交流、彼此敞开心扉的过程，也是学生和教师对话的过程，教学方法的基本精神就是对话。加强师生之间的对话和交往，是恢复本真教育的重要途径，对学生个性的健康发展具有重要意义。“人与人的交往是双方(我与你)的对话和敞亮，这种我与你的关系是人类历史文化的核心，可以说，任何中断这种我与你的对话关系，均使人类萎缩。”①“离开了交往，一个人也不可能成为真正的人。一个人要生存就必须与其他人和衷共济，和衷共济需要真正的交流。只有通过交流，人的生活才具有意义。”②在对话过程中，无论是说者还是听者，内心的感觉应是平等的。

2. 确立个性课堂实施的基本策略

第一，重视课堂氛围的营造。附小突破传统课堂的固有窠臼，打破课堂成员间的相互隔绝状态，让师生在轻松开放、灵动自由、民主和谐的课堂氛围中释放潜能、解放个性，重新焕发生命活力。首先，在附小的常规课堂里，考虑到教学难度和知识的系统性，除了需要用到传统的秧田式排列法外，学校还主要采用了小组式排列法，最大限度地满足学生之间的交流与互动，促进小组间的合作学习。学校非常讲究教室的布置，充分发挥室内的陈设布局及其所承载的文化信息和教育元素，在教室张贴名人名言，设置阅读角、学习园地及黑板报等，努力为学生营造积极健康的文化氛围。学校兴建了一批专用教室，并根据教室的用途配备了相应的教具、学具、多媒体设备以及图书影像资源。其次，注重营造良好的课堂心理氛围是附小课堂教学的一大特色，教师们努力营造这样的课堂：教师尊重学生的主体性和独特性，搭建起师生之间平等沟通的桥梁，让每个学生都能有积极的思维、敢想敢说，以及主动参与课堂活动；能够激发学生的学习兴趣，增强他们的学习热情，达到“其进自不能已”的境地；引导学生正确处理合作与竞争的关系，同学之间既要互帮互助，又要展开适度竞争，提振精神，努力进取；教师要公平、公正地对待每一位学生，并实施激励性评价，对学生的想法、感情、课堂表现予以适当的肯定和支持，使他们从积极的情绪体验中汲取自信，从而获得创造性发展。

第二，创新丰富多样的教学组织形式。班级制教学是传统标准化课堂所采用的一种最主要的教学组织形式，主要缺点是忽视了学生学习需求的差异性，难以做到因材施教，一定程度上遏制了学生个性的充分发展。因此，为了适应和发展学生个性，学校积极创新教学组织形式，实现各种组织形式之间的综合运用、取长补短，充分调动和发挥每一个学生的学习积极性与主动性。首先，推行小组合作学习。经过长期的听课磨课、交流研讨与学习观摩，各学科组都在努力探索适合本学科教学的基于合作引导学生展开深入学习的方式。其次，推行个别化教学。在现有的班级授课制背景下推行个别化教学，虽然存在一定的难度，需要一线教师们做出更多的努力和改变，但是个别化教学与本校对学生进行个性化培养的追求相契合。目前，有部分学科组教师正在进行尝试，并希望形成一套系统的教学模式。例如，本校美术教学就初步实现了集体教学与个别教学的有机结合。

第三，形成独特的教师个性。个性化的教学需要有个性的教师，个性课堂的实施要求解放教师个性，即要求教师在指导学生学习的过程中，能够针对学生的特点形成具有自己独创性和创造性的教学特色。教师教学的鲜明个性往往体现在教学内容的开发挖掘、教学手段的灵活多样、教学形式的优化创新以及教学过程的灵动充实等方面，但这些首先源于教师对教育、教学进行独特思考所形成的理念和思想。因此，可以说“个性，首先是思想的个性”。附小受学校领导层开明、勤政作风的影响，始终坚持以教师的发展为本，充分尊重教师的主体意识和创造性劳动；教师自身也都有非常强的个性意识，注重自我内涵的提升，既不照搬照抄、随波逐流，也不墨守成规、故步自封；通过自主钻研、教学研讨与

---

① [德]雅思贝尔斯.什么是教育[M].北京:生活·读书·新知三联书店,1991:2.

② [巴西]保罗·弗莱雷.被压迫者的教育学[M].顾建新,等译.上海:华东师范大学出版社,2001:31.

学习观摩，多位教师对自己所在的学科领域，都能达到熟练掌握的程度，并能在此基础上有所创新，提出自己独到的想法和见解，同时运用自己的个性去激发和培养学生的个性；每一位教师不断学习优秀教师的教学成果，不断反思和改进教学，努力探索形成个人独特的教学风格。

第四，形成个性发展的课堂评价观。基于对个性课堂的理解，附小教师认为实现课堂评价由“最优发展”向“个性发展”的转变，是个性课堂得以顺利实施的前提和保障。教学评价不仅要考虑教学目标的“达成度”和教学环节的“清晰度”，还应关注教学过程的开放性、学生学习的参与度、课堂成员的互动性以及教学资源的生成性等。本校二年级语文学科组正在学生学业成效评价改革上进行创造性的尝试和实践。

第五，利用现代化信息技术改造课堂。现代化信息技术为课堂成员间的多向互动拓宽了沟通渠道，改变了传统课堂教学的信息呈现方式，推动了以师生对话、生生对话、人本对话以及人机对话等多渠道沟通方式为特征的全方位、立体化课堂形态的生成。学校积极利用计算机网络的即时交互和反馈优势构建个性课堂。

7.8.2 课程实施的其他方式

1. 合理分配教学时间，提高教学效益

长期以来，学校课程表的安排是机械划一的，不考虑学科的差别性，一律按 40 分钟一个课时安排教学，这是传统标准化教学模式的体现，这给部分学科的特色化教学带来了一定困难。例如，学校在开发“快乐周末”校本课程的过程中，根据实际情况又增设了课程，这就涉及学校一个学期的课程安排和课程的时间分配问题。又如，学校在对国家课程进行校本化开发时，对教学内容做出了调整，则每一节课的教学时间也应当做出相应调整。

学校采取整合课时分配的方法来解决教学时间问题，从时间资源上进行优化，以为校本必修课程和校本选修课程的实施提供时间保障。具体通过三种途径来实现：一是缩短某些课程的教学时间或某些学科的学程，如专题课、语文课；二是整合某些学科的教学内容，调整周课时总数，如慧心课；三是在部分学科内实施连堂教学，把原来每周两节的分堂教学模式改为连堂教学模式，如美术课。

2. 注重多学科融合，实现课程综合化

新课程观反对学科领域的严格划分，教学内容应致力于学生对学科知识的融会贯通与综合运用，让学生获得完整、全面的课程经验，而非零散破碎的知识，防止学生的知识体系窄化、僵化。附小一贯强调学生科学素质和人文素质的和谐发展，这种和谐发展离不开课程内容的综合性、完整性和全面性。因此，学校要求各学科在课程建设过程中，不能仅仅将视野局限于学科内部，而应当从学校人才培养目标出发，在明确各学科独特的育人价值的同时，结合本校学生的实际情况和现有资源，推进多领域、多学科融合，实现课程内容的综合化。在这种多元、复杂的学习情境中，学生更容易建立起新旧知识、跨学科知识之间的联系，从而使学生综合处理信息和分析解决问题的能力得到提高。

以附小音乐课为例，音乐与人类的社会生活、文化艺术有着紧密的联系。音乐组教师在突出音乐自身特点的基础上，实现了音乐与诗歌、舞蹈、戏剧、影视、美术等不同艺术表现形式之间的有机融通，并注重对不同艺术表现形式的比较，拓展学生的艺术视野，深化学生对音乐艺术的理解。借助多种艺术活动，可以激发学生的想象力和创造力，让学生用听、说、唱、跳、奏、玩等各种不同的形式来展现自己对音乐作品或器乐的理解，使学生得到身体机能、思维、自我认知等各方面的平衡发展。

7.9 完善学校管理体制，提出课程评价的初步设想

7.9.1 完善学校管理体制，推进课程开发

传统课程开发的指导思想强调课程管理。传统意义上的课程管理把组织视为一个权力和信息集中于高层的等级体系，一些首创的好主意从高层传递到低层落实。可见，这种课程管理所倡导的是统一化、层级化、秩序化的理念。在这种理念的引导下，课程开发就是一个具有一定秩序的系统，最高管理阶层是这一系统的管理者，而教师则是最忠实的执行者与实施者。这种课程管理偏向于对课程系统的安排与执行，注重自上而下的监管监控，是一种分层组织的管理模式。随着课程改革和"以人为本"管理理念的不断深入，这种传统课程管理理念需要因时因地更新，以适应课程发展的时代需要。

学校在办学理念和培养目标的引领下，更加侧重于课程管理的扁平化措施，旨在激发开发者自身的创造力，强调创造性地实施课程，引导开发者做出高层次的决策并进行自我管理。这种管理不再是学校管理者对课程权威式的发号命令，而是专家、教师、学生及管理人员建立在彼此尊重、相互平等的基础上，去共同关注真实的教育情境，并参与合作和讨论，积极发表意见，为和谐环境的塑造以及课程的创生而共同努力。其体现的是一种民主合作、互动和谐、开放多元的思想。

基于这样的认识，学校课程管理的首要任务是组建课程领导团队，完善组织机制，明确管理职责。在课程开发过程中，校长履行和行使课程领导的职责和权力，并明确课程领导小组、课程研发小组、课程与教学部、教育科研部、年级组、教研组等各管理部门的责任、权限和运行规则（详见表 3），赋予教师、学生参与课程开发的合理权力，有序推进课程改革。同时鼓励教师自我设计，注意在团队中营造合作伙伴式文化，将学校变为一个学习型组织。

表 3　课程管理责任人及其任务一览表

名　称	成　员	任　务
课程领导小组	校长，分管课程、教学、德育、科研的副校长	根据校情具体决策、规划学校课程建设的总体方向；从理念上引领、指导课程教学与管理工作，及时提出改进方向；确定每学期课程教学工作重点；指导课程教学部门开展工作
课程研发小组	课程与教学部、德育工作部、教育科研部、资源管理部等部门负责人	围绕办学理念，全面落实学校课程方案的研发，主要包括：规划学校课程框架结构、课时分配比例；制定学校课程开发方案；制定学校课程评价方案；制定学校校本研修方案
课程与教学部	主任、副主任	对学校制定的各类课程方案提出建议；具体安排、部署学校课程教学工作；落实课程管理制度和教学常规工作；加强教研组长队伍建设；对教研组长进行考核，提供教师教学质量考核数据
教育科研部	主任、副主任	对课程策划和管理提出建议；配合课程教学部完成课程制度梳理；配合课程教学部做好专题教研组织工作；指导教研组、教师选准教学科研课题，并予以阶段性的专业辅导；认真组织、修改、编辑教学反思和专题科研论文
年级组	6 个年级组组长	随时关注本年级课程的教学质量，及时与年级组成员进行沟通，及时向学校领导反馈年级组课程教学情况；每次大型考试后做好本年级教学质量分析，召开年级组质量分析会

续表

名　称	成　员	任　务
教研组	15个教研组组长	分析本学科组现状，组织组员进行课程开发和实施；确定每学期的教研专题，组织各种教研活动和校本研修活动；关注并积极引导组员专业发展；抓好教研组常规工作；进行教学常规考核
教师		明确自身在课程开发中的职责，主动为学校课程建设献计献策；做好做精课程常规工作，积极主动地参与各种教研活动，不断完善教学行为，提升专业素养

7.9.2　提出课程评价的初步设想

建立健全的课程评价体系是学校课程开发及实施的有效保障。学校关于课程评价的理解，不仅局限于对课程目标达成与否的判断，而应扩大到对课程总体安排的评定。既要多方面了解课程实施结果，同时要审视课程实施过程；既要关注各方对课程方案的评价，还要关注与此相关的学生评价和教师评价。

1. 建立促进课程不断发展的评价体系

学校课程开发的评价应渗透在课程开发的整个过程中，课程评价应包括三个相对独立同时又密切关联的组成部分，分别是以目标为中心的课程设计评价、以过程为中心的课程实施评价和以结果为中心的课程效果评价。

(1) 课程设计评价。课程目标是否科学、合理、可行，是否能够完整清晰地呈现出学生所应达到的水平或标准，是否能够为教学活动的顺利开展提供有效指导；课程结构和学科门类是否符合国家课程标准要求，是否达到与既有国家课程互补的目的，是否能够突出学校的办学特色和办学理念，是否真正符合本校学生的学习与发展需求；学校及社区资源的开发、建设是否充分合理，是否符合课程开发的切实需求；师资队伍建设是否到位，教师专业素养是否达到课程要求；课程的组织实施能否合理有序、扎实地推进等。

(2) 课程实施评价。学校课程计划的实施以课堂教学为主。因此，对落实程度进行评价，尤其要强调对课堂教学过程的评价，包括对教师教的评价和对学生学的评价。对教师的评价涉及教学目标的设定是否科学合理，教学内容的组织是否恰当有效，教学方法的运用是否灵活适当，师生和生生之间的课堂互动是否充分，教学效果是否能达到预定目标。对学生的评价主要基于学生的学习兴趣、学习态度、课堂参与度、作业完成情况等方面。

(3) 课程效果评价。课程效果评价直接反映在课程目标的达成度上，对于课程开发后期的调试工作以及下一阶段新课程的开发与建设有重要的指导意义。除此之外，课程效果评价还应包括对学生的发展情况、学生对课程的满意度，以及其他方面的评价。

2. 完善促进学生全面发展的综合评价体系

(1) 积极探索将学生学业成绩与成长记录相结合的综合评价方式，完善综合素质评价体系。评价不仅要反映学生的学科学业成绩，更应包括学生的个性化学习过程及相关记录、思想品德表现、社会实践活动经历，以及各类综合评语等。

(2) 做好对课程过程的记录与评价。课程过程反映了学生在整个课程学习阶段的学习兴趣、态度、努力程度、创造性以及与他人的协作情况，是课程评价的重要一环。如在研究型课程中，课题评价涉及开题评价、实施过程评价、研究结果评价和学生综合评价。不仅强调研究的结果，更加注重研究的过程。

（3）开展多元评价。包括学生自评和互评、教师评价、社会实践机构评价等多种评价形式，以激发学生从多方面进行反思。从不同评价主体的视角出发，可以对学生做出更加客观、公平、合理的评价，更能发挥评价的积极作用。

（4）重视将定量评价与描述性的定性评价相结合。既重视有利于学生进行反思的量化评价指标，便于学生进行量化分析；同时也重视促进学生进行反思的描述性的评价内容，以激励学生进行反思并成长。

3. 完善促进教师专业化发展的评价体系

（1）以发展性评价标准作为引导，建立与完善教师基础性指标、发展性指标、教学质量跟踪考核指标体系，引导教师树立新型教学观，落实以学生发展为本的教育思想，从而促进教师的专业化发展。

（2）努力建立以教师自评为主，由学校管理者、同事、学生和家长共同参与的评价制度，帮助教师从多渠道获得信息，促进教师不断分析和反思自己的教学思想、教学态度和教学行为，倡导教师在教学实践中总结经验、反思问题、提升能力。

第8章 课程开发的效果分析

8.1 课程开发对学生发展的作用

随着本校课程开发实施的不断推进,学生发生了一些可喜的变化,他们更喜爱来学校学习,对学习充满了兴趣和热情,学生在增长知识的同时,也积极参加各项活动、比赛,并取得了骄人的成绩,为学校争得了许多荣誉。

1. 激发了学生的学习兴趣,提高了学习满意度

在课题研究过程中,信息学科在六年级开展了附小学生"Scratch与创意设计课程"的学习情感调查。从调查结果来看,学生感受到了学习的趣味性,想学好Scratch的愿望很强烈,绝大多数学生在学习过程中获得了相应的成就感。

体育组进行了趣味田径教学满意度的调查。通过对调查问卷的结果分析可以看出,学生对趣味田径课堂教学的满意度是很高的,说明趣味田径教学让学生喜欢上了田径运动,激发了学生对田径项目的兴趣,让学生能以良好的心态投入到课堂活动中去。

2. "快乐周末"校本课程给学生发展带来了变化

学校通过对学生进行问卷调查,对学生、教师、家长、学校管理者进行访谈,以及实地调研,发现附小"快乐周末"校本课程及其开发对学生、家长、教师和学校都起到了积极作用。"快乐周末"校本课程对于学生发展的价值在于:"快乐、自在"的价值、潜能发掘的价值、交往的价值、提高学生动手实践能力的价值、学会选择的价值、个性发展的价值。

8.2 课程开发对教师发展的影响

本校课程开发强调全员、全学科参与,各学科根据自身情况开发相应的校本教材,有的对教材进行重组,有的开发独立的校本课程。课程开发对教师的专业发展起到了积极的推动作用,基本实现了课程开发与教师专业发展的良性互动,教师完成了从课程"消费者"到课程"生产者"的角色转换,具体表现在:教师课程开发意识和能力明显增强,教师对课堂教学有了更深刻的认识,教师的研究意识与能力增强,教师的学校认同感、满足感和归属感增强。

8.3 课程开发对家长的价值

基于"快乐周末"校本课程的学生问卷调查和家长访谈,教师发现"快乐周末"校本课程对家长也带来了重要变化。

1. 让家长更加了解孩子,促进了民主和谐亲子关系的建立

在"快乐周末"校本课程的选课过程中,许多家长和孩子会进行多次讨论和交流,这既是孩子根据自己的兴趣和个性学会选择的过程，也是家长了解自己孩子的兴趣和个性的过程；这既是孩子对自己的一次重新认识，也是家长对孩子的一次重新认识。这个过程不仅有助于学生形成独立、自信的人格，也有助于家长与孩子之间建立更亲密的、民主的、和谐的亲子关系。

2. 促进了家校合作和亲密关系的建立

家长作为"快乐周末"校本课程的参与者，不管是家长的直接参与（执教"快乐周末"校本课程中的"家长课程"），还是家长的间接参与（与学生共同选择课程），都体现出了家长与学校之间的联系、交流与合作，有效地促进了家长对学校教育教学工作的深入理解，增强了家长对学校的认可度、归属感。

8.4 课程开发对学校发展的价值

1. 构建了比较完整的课程体系

课程开发推进了国家课程的校本化实施，学校开发了约 60 门校本课程，促进了课外活动的课程化进程，构建了一个相对完整的课程体系，完善了附小的课程结构，一定程度上满足了学生的不同发展需求。

2. 促进了学校管理者对课程开发和学校发展的思考

在课程开发过程中，学校管理者对学校发展有了更新、更远的考虑。在多次的课程体系结构研讨会上，学校管理者深刻地认识到课程体系结构的完善，不仅关乎师生的共生共长，更关乎学校的平稳、长远发展。正如李晓艳校长在访谈中提到："我一直在思考附小该如何发展，在附小工作二十多年，学校很多活动没有串起来，所以要借助课题研究，让办学理念生根，让活动串起来，让课程结构化、体系化。"

3. 推动了大学与小学间的合作

U-S 合作是指大学和中小学之间的合作。华科大教科院的教育学专家、课程教学专家参与了附小课程的开发和实施，并与附小建立了良好的合作关系。华科大教科院在附小课程教育价值、课程体系结构等方面做了大量的研究工作，相关专家通过参与式课堂观察、师生问卷和访谈，研究附小课程开发与实施的现状和问题，并给予富有针对性的指导和帮助。

4. 丰富和重构了学校文化

课程开发与实施让附小形成了"助力完美童年"的个性化课程体系，丰富和重构了附小的学校文化。在课程开发与实施中，学校管理者、大学研究人员、教师、学生和家长都参与其中，他们之间的多向互动，丰富了学校原有的文化，催生了共生共长的学校文化。当学生可以对课程进行自主选择时，学生对课程的接受程度就会较高，在课前准备、课中学习、课后练习时，学生的心态是"我愿意"，学生收获的便是快乐，这是一种"我选择、我负责"的学校文化。对于教师而言，基于自己的兴趣爱好、经历经验，自主开发和实施课程，不仅是一个创新、创造的过程，更是一个滋养自身生命，获得成就感、幸福感的过程，这个过程孕育着因创造而幸福的学校文化。

8.5 课题研究成果的转化情况

伴随着历时近四年的课题研究过程，本校在课程开发、学生成长、教师发展、办学效益等方面，均取得了比较丰硕的研究成果。

1. 课程开发成果

本校总计开发了约60门"快乐周末"校本选修课程。先后整理出《小学语文国家课程教材整合手册》(1—6年级共计12册)、《小学数学"数的运算"教学指南》、《小学科学"测查、激趣、挑战、反馈"单元教学模式实施指南》、《小学美术教材知识结构整理汇编》等校本教学指导指南。创编了《国学经典诵读》(1—6年级共计12册)、《启智》(1—6年级)、《音乐活动吧》、《趣味田径》、《自护自救》、《拓展游戏》、《体育室内课教材》、《材料遇到大师》、《小鬼大作》、《童眼看华科》、《布艺DIY》、《欢喜坨和麻辣烫》、《软陶》、《玩泥巴》、《纸艺造型》、《科学魔法课堂》、《字母起源&自然拼读》、《科学实验&歌曲&剧本》、《诗歌&电影&故事》、《儿童数字文化创作课程——Scratch与创意设计》等22套校本课程教材。其中,《儿童数字文化创作课程——Scratch与创意设计》已由华中科技大学出版社出版。

2. 学生成长成果

本校学生不仅在学业成绩上领先于其他学校(学校多年被评为东湖新技术开发区教学质量先进单位),而且在许多国内外的重大比赛中获得佳绩。2012年6月—2015年12月的三年时间里,萤火虫合唱团代表湖北省在第七届世界合唱大赛中荣获金奖、在"2015'至高荣耀'国际校园音乐节"合唱比赛中荣获童声组合唱比赛特等奖第一名、在全国第四届中小学生艺术展演评比中荣获一等奖、在武汉市第三届校园原创歌曲大赛中荣获第一名、在首届武汉琴台音乐节合唱比赛中获一等奖;"OM"代表队在第36届世界头脑奥林匹克创新大赛总决赛中获得世界亚军、在武汉市头脑奥林匹克比赛中获第一名;学生在全国第十七届、第十八届中小学生绘画大赛中连续获团体一等奖;学生在第17届国际机器人奥林匹克(中国区)竞赛中获小学组团体总分第一名;模型队在第十五届全国青少年航海模型竞赛中获团体一等奖;舞蹈队在湖北省黄鹤美育节艺术展演中获一等奖;足球队荣获东湖新技术开发区小学足球赛冠军(三连冠)。

3. 教师发展成果

近三年,本校教师纷纷活跃在全国教学竞赛的赛场上,并取得了骄人的成绩。何先成老师在全国青年教师语文教学竞赛中荣获一等奖;朱映晖老师在全国小学科学优质课评比中荣获特等奖;邓丽清老师在第二届全国中小学心理健康教育课堂教学研讨会现场课评比中荣获一等奖;叶茂江老师在第三届全国中小学机器人教学展评活动中荣获一等奖;万露老师在第二届全国中小学体育教师教学技能比赛中荣获一等奖;熊曳老师在第十三届中小学NOC活动全国决赛中荣获一等奖;刘波老师在全国小学数学说课比赛中荣获特等奖;谢永龙老师在全国十四城市第二届体育教师技能比赛中荣获一等奖。

4. 办学效益成果

近三年,学校在办学方面也取得了较好的社会效益。学校先后被评为全国素质教育先进示范校、全国书法教育示范学校、全国中小学信息技术创新与实践活动NOC信息化教育实验学校、中国青少年创客教育联盟校、湖北省学校文化建设百强校、武汉市中小学校园文化建设先进学校、武汉市高效课堂标杆学校、武汉市经典诵读特色学校、东湖新技术开发区绩效管理先进单位、东湖新技术开发区特殊贡献单位、东湖新技术开发区教学质量先进单位、东湖新技术开发区足球传统学校。

第9章 课程开发过程中存在的问题与相应的对策

9.1 课程开发中存在的问题

经过几年的努力，附小课程开发已逐步走上正轨，课程实施效果已初步显现。但由于受各方面原因的制约，在课程开发与实施中，仍然存在一些不容忽视的问题，通过对这些问题进行总结和梳理，可以让教师重新审视学校课程的整体设计，查遗补漏，为进一步完善课程体系结构提供参考。

1. 需要进一步关注学生的需求

整个课程体系构建与学生发展需求之间的矛盾是课程开发与实施中面临的一个难点问题。问卷调查显示，虽然绝大多数同学都认为在课程学习中能够感受到成长的快乐，但仍有22%的学生在课程学习中并没有感受到快乐，感受不到快乐的原因主要集中在“课程内容没有趣味”、“无成就感”和“太过简单”等方面。这说明课程开发和实施还有进一步满足学生需求的空间。

2. 教师对课程的认识需进一步提高

在有些课程的课堂上，存在着过多彰显轻松愉悦的课堂气氛的现象，让学生获得一种愉快的课程体验作为课程的重要目标有其合理性与必要性，但若课程目标仅停留在这一层面上，难免会忽视课程对学生成长更为深层的价值。在调查过程中发现，教师会习惯性地选择自己比较熟悉的教学方法，在生活实践类、语言运用类课堂中，主要是运用讲解法。这让学生的课堂表现不够积极，以至于没有形成良好的多向互动，体现不出课程促进学生个性发展的价值。

3. 课程开发系统还需完善

第一，课程开发的连续性和系统性有待加强。虽然学校课程开发已经取得了较为满意的成效，但还需进一步科学规划学校的课程体系，否则，学校课程便难以达到深度的有效融合，也就很难实现从“教师”课程向“学生”课程的转变。第二，课程评价体系有待完善。当前，应试教育的影响在我国学校教育中仍然根深蒂固，评价课程开发的好坏，需要一个科学的评价指标体系。实际上，不论是国家层面还是省市层面，都缺少一套科学有效的课程评价指导标准。

9.2 完善课程开发的相应对策

课程开发与实施是一个复杂的系统工程，总结近几年来的工作，学校课程开发与实施还需从以下几方面进行努力。

1. 完善管理体制，提升学校课程领导力

课程开发是一个系统工程，从开发到实施再到评价的每个环节都需要建立相应的制度，以保证课程开发正常有序地进行，因此，学校要进一步完善课程的管理制度，包括课程领导制度、课程淘汰制度、课程人才选拔培训制度、课程开发制度、课程实施制度和课程评价监督制度等。

2. 提升教师的课程开发力

教师是课程开发的主体，教师素质决定着课程开发与实施的质量和效果。因此，围绕课程开发与实施，有针对性地加强教师系统培训，提升教师课程开发与实施的能力是关键。学校应建立以校领导、教师为主的民主开放的校本培训机制，制定校本培训规划、实施校本培训计划、开展校本培训评估，努力使校本培训达到制度化、规范化、课程化。

3. 加强多方合作，共同开发校本课程

校本课程开发是由学校教育人员与校外团体或个人合作创生课程的活动，这是一个持续和动态的课程改进过程。学校管理者作为校本课程开发的领导者，要协调好学校内外部的各种关系，既要鼓励教师积极参与到校本课程的开发中来，又要向外界获取资源支持。校本课程开发需要与外部环境合作，加强与教育专家、课程专家、学科专家的合作，寻求专业的理论指导。教师在开发和实施校本课程的过程中，要多与学校管理者、校外课程专家、家长进行沟通互动。

小学语文阅读课程的校本化实施

华中科技大学附属小学　赵刚

一、阅读课程开发背景

（一）新课程改革要求

根据新课程改革的要求，小学阶段应培养学生广泛阅读的兴趣，扩大学生的阅读面，增加学生的阅读量；提倡少做题，多读书，读好书，读整本的书；鼓励学生自主选择阅读材料，感受阅读的乐趣，养成爱护图书的习惯；培养学生独立阅读的能力，让学生学会运用多种阅读方法；使学生具有较为丰富的语文知识积累和良好的语感，注重情感体验，提高理解能力；让学生能阅读日常的书报杂志，能初步鉴赏文学作品，丰富学生的精神世界。

（二）学生阅读基础

随着现代社会的发展进步和公民素质的整体提高，学生在家里普遍都有较好的阅读环境，进入小学之初就已具备了一定的阅读能力及阅读量。并且随着生活水平的提高，个体的精神文明也得到了足够的重视，在信息日益爆发的互联网时代，新课程标准要求的 145 万字的小学生阅读量已不能满足小学生的阅读需求。

（三）社会阅读背景

当前网络信息、校草文学（指盗版书，以及某些网络写手的作品等不适合小学生阅读的作品）混迹于学生的正常阅读中，学生急需绿色健康的阅读引导。

作为学校，有必要，更有义务向学生推荐符合他们年龄特点及阅读心理的书籍，在时间和空间上为学生营造良好的阅读环境，并有针对性地指导学生了解多种阅读方法，使他们具备独立阅读的能力。

二、阅读课程简介

在《义务教育语文课程标准（2011 年版）》中，明确提出了阅读的总目标，即要求学生具有独立阅读的能力，学会运用多种阅读方法，能借助工具书阅读浅易的文言文，九年课外阅读总量应在 400 万字以上。在新课标的知识技能、过程方法、情感态度价值观这三个维度的指导下，国家提出了小学三个学段的阶段目标。过去，人们把国家课程（教材）以外的阅读称作课外阅读，随着全球化与信息化社会的到来，人们认为阅读不仅是学生的课外活动，而且应该是学校课程不可或缺的组成部分，有必要列入每周的课程中。

（一）课程理念

1. 课外阅读是对话的阅读

阅读对话理论认为，作者与读者的关系，就本质而言，体现了人与人之间的精神联系，阅读行为也就意味着在人与人之间确立了一种对话和交流的关系。这种理论下的阅读应是教师与学生以及学生与学生的主体间和文本主体间的对话过程。因此，读者的阅读，尤其是阅读文学作品的过程，是思维碰撞、心灵交流、共同参与，以及共同创造的动态过程，是主体与主体之间的立体交叉和互动过程。

在阅读校本课程的开发过程中，这一理念尤其体现在“我爱读书”与“我爱写话”这两门课程中，学生通过阅读书籍，能够与作者产生一种对话和交流，然后学生可通过写作将这种对话或交流表达出来。这种阅读形式并不是单向地被动接受作者的观点，而是积极主动地去思考，并将自己的想法通过纸笔写下来，有对话就会有不同的观点，这也在一定程度上引导着学生形成批判性思维。

2. 课外阅读是探究的阅读

探究性阅读是开放性阅读，阅读不仅是在课堂上，也在课外，学生需要学会利用图书馆、网络等信息渠道。探究性阅读是自主性阅读，阅读主题的确定，阅读的途径、方法及对阅读结果的总结主要由学生自主完成。探究性阅读是挑战性阅读，既然是探究性的，就是未知的并且是有一定难度的，它对学生多方面的能力都是一种挑战。

因此在阅读校本课程的开发过程中，应遵从学生自主阅读的原则，让学生自己选择感兴趣的材料，阅读书目的推荐也仅仅对学生起参考作用，鼓励学生自己阅读感兴趣的主题并自己进行探究性学习，阅读校本课程正是在这一理念上开发的，即为学生自主探究提供多样化的学习方法和学习工具，帮助学生将所学到的知识、方法在阅读中进行综合运用。

3. 课外阅读是独特的情感体验

课外阅读课程突出的特点是人文性。人文性不是通过操练、记忆、他人传授来获得的，人文性更多的是借助了主体的审美、感悟，是唤醒主体主动构建的结果。作为以人为对象的文本，必须通过人自身独特的情感体验，才能实现与之关联的情感的融入和态度的生成。

为了增强学生的人文素养，弘扬中华传统文化，华中科技大学附属小学教师编写了一套《国学经典》，根据每个年级学生的不同基础，语文组教师分别为一年级至六年级的同学有针对性地编写了一套国学读本，让学生通过反复地诵读、吟唱、背诵，感受经典诗文的韵味与魅力，提升个人素养，品悟中华文化，传承民族精神。

（二）课程框架

附小阅读课程是在《附小课外阅读课程纲要》的引领下，由语文组教师自主开发的融感受、理解、体验、品味于一体的校本课程。教师自主开发的校本课程有六门，分别是“国学经典诵读”、“阅读课”、“我爱读书”、“故事大王”、“古诗词吟诵”、“绘本阅读”。课程的具体框架如图 2 所示。

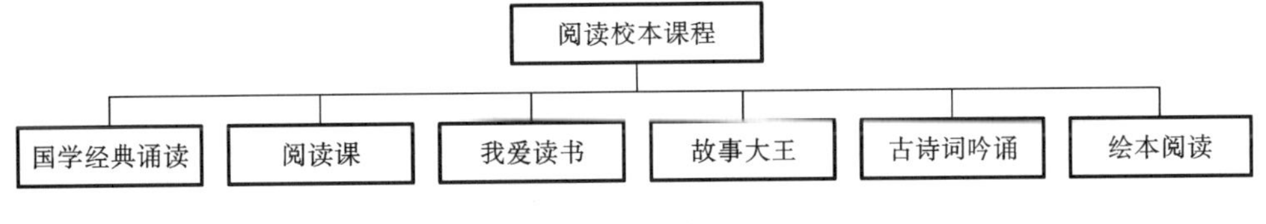

图 2　课程框架

（三）课程目标

1. 总目标

课程总目标如表 4 所示。

表 4　课程总目标

目　　标	具 体 内 容
1	培养学生热爱祖国语言文字的情感，使他们具有课外阅读兴趣和良好的阅读习惯
2	学生需要掌握基本的阅读方法，能对图书按要求进行精读、速读或浏览
3	能利用阅览室、图书馆、网络查阅资料，初步培养学生收集和处理信息的能力
4	学生能利用多种渠道扩展自己的阅读量，课外阅读总量在 255 万字以上
5	能主动进行探究性学习，学会在实践中学习，学会摘记或写读书心得，培养和提高听说读写的能力
6	学生在阅读中要学会独立思考，要具备独立阅读的能力，注重情感的体验，要有丰富的积累，形成良好的语感
7	学会选择课外阅读书籍，吸收古今中外优秀文化，享受审美乐趣，发展个性，丰富精神生活
8	在阅读中，培养学生的爱国主义情感，使学生逐步形成积极的人生态度和正确的价值观，提高自身的文化品位和审美情操，以及初步掌握科学的思想方法

2. 各学段课外阅读目标

各学段课外阅读目标如表 5 所示。

表 5　各学段课外阅读目标

学　　段	具 体 内 容
第一学段（1～2 年级）	①学生在教师的指导下要形成一定的课外阅读意识，有浓厚的阅读兴趣
	②在规定的读书时间内专心读书，每次阅读能坚持 15～20 分钟，初步养成“不动笔墨不读书”的阅读习惯
	③借助读物中的图片读书，能用自己的语言正确、清楚地交流故事情节，联系生活表达阅读的感受，并乐于与人讨论
	④学会运用拼音和工具书阅读浅显的童话、寓言故事等，逐步养成独立阅读的习惯，形成查阅字典的习惯
	⑤诵读儿歌、童谣和浅显的古诗，感受语言的优美，对感兴趣的人物和事件有自己的感受和想法，初步获得情感体验
	⑥逐步拓展阅读面，学会积累自己喜欢的词语、成语、优美的句子、格言警句等，总阅读量应不少于 15 万字
第二学段（3～4 年级）	①逐步形成课外阅读主体意识，能科学地安排阅读时间，喜欢阅读，感受阅读的乐趣
	②在规定的时间内专心读书，学会默读，每次阅读能坚持 30 分钟以上，养成读书、看报和收藏读物的习惯，并乐于与同学交流图书资料
	③学会欣赏，初步学会选择自己喜爱阅读的书报，积累优美词语、精彩句段，并做好摘录，学会做读书笔记与批注，学写归纳型的读书笔记
	④能运用已有的生活积累和工具书阅读难度适中的童话、寓言故事、小说等，理解读物的主要内容，体会文章表达的思想感情

续表

学　　段	具 体 内 容
第二学段（3～4 年级）	⑤学会欣赏所阅读的读本，能对人物和优美的语言做出评价，对感兴趣的内容提出问题，在教师的指导下进行有目的的资料收集，并参与专题讨论
	⑥在诵读优秀诗文时能展开想象、体验情感、感悟内容，开始阅读中国名著，总阅读量不少于 70 万字
第三学段（5～6 年级）	①具有较强的课外阅读主体意识，阅读兴趣浓厚，能自觉安排时间进行课外阅读，并制订阅读计划，平均每天的阅读时间不少于 60 分钟
	②养成读书看报、收藏读物并与同学交流图书资料与讨论的习惯，在交流中敢于提出自己的看法，做出自己的判断
	③学会速读，速度可达每分钟 300 字以上，学会浏览，能根据需要搜集和处理有关信息，并自主选择资料进行探究性学习，参与专题讨论
	④学会精读，学会选择自己喜爱阅读的书报，并做好剪贴型读书笔记和批注，学会写感想型读书笔记和评价型读书笔记
	⑤能运用学过的知识、技能和工具书阅读适合的童话、寓言、小说和浅显的文言文，获得丰富的情感体验，形成良好的语感
	⑥诵读优秀诗文，能通过诗文的声调、节奏等体会作品的内容和情感
	⑦利用家庭书房、班级图书角、学校图书馆、网络等信息渠道尝试进行探究性阅读
	⑧能鉴赏文学作品，阅读中外名著，感受人物形象，体验情感，形成个人兴趣爱好，丰富精神生活，总阅读量不少于 170 万字

三、课程资源开发

（一）校内的课程资源开发

1. 教师资源

在众多课程开发资源中，教师是最重要的课程资源之一。教师本身就是最丰富的活资源，他们的思维方式、心理素质、价值观念、教育思想，能帮助学生在校本课程的开发过程中不断地吐故纳新，并发挥出能动性和创造性。在课程开发实施的过程中，附小语文组的教师通过多种研讨、改革课堂教学等方式，激发学生的阅读兴趣，培养学生的阅读方法，努力让学生自主阅读，爱上阅读。

如苏璠老师的“熟能生巧”一课，采取小组合作、师生点评、生生互评等方式保持学生持久的朗读兴趣；刘碧娟老师以“梦想”为主题，给大家带来了精彩的《狼王梦》读书交流会，交流会上，刘老师以书中紫岚追求梦想这一故事为引子，让学生先感受书中主人公在追梦路上的内心世界，进而引导学生对紫岚追梦是否值得展开激烈的讨论，最后通过写作让学生升华对梦想的认识，直到下课那一刻，学生依然兴致高昂，意犹未尽；刘海英老师执教“心理活动描写”这一课时，以一场特殊的“能力测试”作为情境，让学生在跌宕起伏的内心体验中，深刻把握心理活动描写的精髓，教学设计匠心独运，给人耳目一新之感；邓丽清老师通过《小壁虎借尾巴》、《渔夫和金鱼的故事》、《爱心树》、《犟龟》这一组童话故事，让学生在童趣盎然的故事中轻松掌握如何画结构图；孙贤发老师执教“聊聊小小说”，他幽默风趣的教学语言，以及宽松的课堂氛围瞬间拉近了他与学生之间的距离，他循循善诱，引导学生在阅读小小说的过程中，探寻小小说的特点，感悟阅读小小说的方法。

2. 学生资源

学生的知识水平、能力、身心发展状况、生活环境和既定的教育需求都是可开发的资源，在阅读课程的开发与实施过程中，语文组的教师们充分考虑到学生的学习能力和特点，有针对性地对学生进行阅读指导。

由于附小学生大多来自华中科技大学教职工家庭，家长知识水平整体较高，学生在家庭中有较好的阅读环境，他们在入学初就已具备一定的阅读能力及阅读量。家长的综合素质和知识水平都比较高，家长对孩子的要求已经不仅是在分数层面上，而是在多方面兴趣特长的综合发展上，这对于附小阅读课程的开发提供了有力的外部支持。

3. 教学设施

附小教学楼内的每一层楼梯口都设置了图书角，架子上分门别类地摆放了学生们最喜爱的图书，这些书籍都是学生们从自己家里带过来的。并且图书角还安放了 8 个柔软的沙发，方便同学们坐在上面舒服地看自己喜欢的书籍。除此之外，学校三楼的图书室的藏书量丰富、面积大、环境优雅。图书室内撤去了方方正正的桌子和板凳，取而代之的是软绵绵的沙发，任何时间只要学生们进来看书，都可以放松地靠在沙发上，以自己最舒服的姿势阅读书籍，因此图书室也成了孩子们最喜欢去的地方之一。

（二）校外的课程资源开发

1. 社区资源

附小位于华中科技大学校园内，校内环境优雅，学习氛围浓厚，并且远离闹市的喧嚣与嘈杂，人际关系单纯。在这种社区环境中，附小学生潜移默化地受到了环境的熏陶，他们的学习兴趣更加浓厚。

2. 家庭资源

附小的学生家长大多是大学老师，家长学历普遍比较高，家长对孩子的要求已经不仅仅是在分数层面上，而是在多方面兴趣特长的综合发展上，这与附小的教育理念不谋而合，也为附小校本阅读课程的开发奠定了坚实的基础。这让教师们能够顶住应试教育的压力，努力为学生创设完满的童年，引导学生自主阅读，让学生丰富自己的精神世界。

3. 自然资源

附小位于华中科技大学校园内，有着得天独厚的地理优势。附小距华中科技大学图书馆仅有几分钟路程，除去丰富的馆藏图书之外，图书馆常年会开展不同主题的读书讲座，还会举办各式各类的图书漂流活动，这对附小学生来说是不可多得的优质资源。

除此之外，华中科技大学的人文学院、大学生社团活动中心也常年举办读书交流活动、读书沙龙、阅读知识竞赛、大学生人文素质讲座等。这些得天独厚的自然资源，使附小学生常年浸染在文化氛围中，这对于学生阅读素养的提升大有裨益。

四、阅读课程的开发策略

小学语文课外阅读是在阅读理论指导下开发的一门融感受、理解、体验、品味于一体的综合阅读课程，旨在激发学生的阅读兴趣，培养学生良好的阅读习惯，并让学生掌握有效的阅读方法，提高学生的阅读品位，促进学生阅读素养的提升。凸显人文性，兼具开放性、多样性、规范性和长期性，是阅读课程的特点。近年来学校教师在引导学生进行课外阅读、构建课外阅读课程体系方面进行了初步尝试，本文拟从表 6 所示的几个方面对课外阅读课程实施策略进行探讨。

表 6 课外阅读课程实施策略

实施策略	具体方法
(一)激发学生课外阅读兴趣	①借助读物本身的吸引力激发学生的阅读兴趣
	②通过活动展示,成就学生阅读体验
(二)教给学生课外阅读方法	①培养阅读习惯,提升阅读动力
	②读而有"法",保证课外阅读的"质"
	③整合教材内容,拓展课外阅读
(三)选好课外阅读读物	①从学生兴趣出发
	②从语文课堂出发(群读类学)
(四)上好小学生课外阅读指导课	读物推荐课、阅读欣赏课、阅读方法指导课、读书汇报课、阅读综合实践课
(五)营造良好的课外阅读氛围	①注重校园文化建设,营造书香校园
	②调动家长资源,营造书香家庭

(一)激发学生课外阅读兴趣

现代心理学研究表明:学习兴趣是提高学习成效最重要的内在心理因素,对学习具有激活、指向和维持作用。小学生课外阅读兴趣,是小学生课外阅读动机中最为积极、最为活跃的成分,也是推动小学生进行课外阅读的直接动力。只有孩子对阅读产生了浓厚的兴趣,才能为他们持续阅读和提高阅读能力提供内因条件,才能激励他们将老师要求的"要我读"转化为自身的"我要读"。只有让孩子感到书是甜的,他们才会爱上阅读;只有让孩子爱上阅读,书才永远是甜的。因此,只有学生拥有了强烈的课外阅读兴趣,才能积极主动地去阅读课外书籍。

1. 借助读物本身的吸引力激发学生的阅读兴趣

师生通过共同挖掘、探究古今中外佳篇妙文,感受美的存在;通过朗读精彩片段、讲述创作故事等方式,激发学生的兴趣和求知欲。例如,语文老师刘东平在讲授《水浒传》这篇课文时,采用了情景再现法,在"青面兽卖刀"的故事中,创设情境,"杨志是杨令公之孙,因为丢了花石纲,经过多方打点,好不容易才见到高俅,可是却被赶了出来",现在你看到了一个怎样的杨志?"杨志盘缠用尽,只好去卖宝刀,可是却碰到了泼皮牛二",现在,你又看到了一个怎样的杨志?这样,通过语言渲染,拉近学生与读本之间的距离,激发学生对文本的兴趣。

2. 通过活动展示,成就学生阅读体验

要求教师开展一些具有趣味性、刺激性和挑战性的活动,如故事会、读书交流会、手抄报比赛、朗诵比赛、读书知识竞赛、演讲比赛、读书征文比赛等,让学生在展示阅读成果的过程中享受赞赏的目光,这样才能达到学生间互相交流、互相启迪、互相学习的激励效果。

为了更加及时地检测学生的课外阅读效果,可以将课外阅读与学校、班级开展的各种活动相结合,丰富多彩的活动还有利于维持学生的阅读兴趣。比如组织"读书月"活动,让书香在校园弥漫;组织"我与书的故事"主题征文,让学生道出阅读的收获;举办读书手抄报展评,让学生在制作中展示特长。还可以以个人、小组或班级为单位组织各种形式的竞赛,如故事大王比赛、美诗文朗诵比赛、主题演讲、读书汇报会、读书知识竞赛、评选读书标兵等。激烈的竞争能激励优秀的学生再接再厉,进一步拓宽知识面,提高阅读能力,还可以勉励阅读成绩暂时落后的学生,使他们产生赶超意识。学校也可以结合特殊的节日、纪念日来引导学生阅读专题书籍和文章,开展专题班队活动,如春节读年俗、端午节读诗歌、国庆节读中国历史等。需要注意的是,学校和班级开展的各类活动要让每个孩子都参与其中，特别要关注那些课外阅读兴趣和习惯刚刚培养起来的学生，开展活动时还可以分批邀请学生家长及教育专家或其他社会人士参与，让读书之风引起全社会的关注与支持，以此来激发学生的读书兴趣，让学生养成读书习惯，掌握读书方法，具备读书能力。通过营造浓郁的读书氛围，引导学生遨游书海，增强学生的文化底蕴，塑造内涵丰富、特色鲜明的校园文化，促进学生人文素养的全面提高，推进素质教育的深层实施。

（二）教给学生课外阅读方法

小学生的审美能力还很不成熟，对于文学作品缺乏辨析能力，对于如何阅读课外书籍也没有非常清晰的领会。因此，很有必要教给小学生课外阅读的方法，从而保证小学生课外阅读的“量”与“质”，这样的阅读才是有效阅读。

1. 培养阅读习惯，提升阅读动力

习惯是经过反复训练养成的行为倾向。有了良好的阅读习惯，小学生才能自觉、高效地进行课外阅读活动。阅读习惯的培养路径主要有以下三种。

(1) 定向诵读，指导学生选择阅读内容。指导学生阅读好书，才能使学生从中受到美的感染和陶冶，树立正确的审美观。由于低年级小学生年龄小、阅历浅，教师需要根据学生的年龄和心理特征来推荐给他们合适的读物，久而久之学生便会形成自己的鉴别能力，自主地选择阅读内容。

(2) 以读促写，巩固学生良好的阅读行为。课外阅读应让学生养成“不动笔墨不读书”的良好习惯，实现读写结合，以读促写。学校语文组教师根据年级的差异，让低年级学生学会写摘抄式笔记，将优美的字、词、句、段、篇、名人名言、俗话谚语摘抄在读书笔记上；指导中年级学生在读书时编提纲、做批注，在读书后制作读书卡，记录读书心得；让高年级学生在写好读后感的基础上，写出有个人见地的书评并进行再创作。课外阅读贵在坚持，小学生年龄小，自控力较弱，阅读习惯较差，更应持之以恒，养成良好的阅读习惯。

(3) 制订课程计划，保障阅读时间。制订课程计划是保障阅读时间的前提。为此，要根据学校实际情况制订课程计划。学校和教师要根据学生实际情况制订年度(学期)课程计划，包含课内外阅读，尤其要注重假期的阅读安排。同时，还要帮助学生制订一份适宜的阅读计划，建立“阅读登记卡”，督促学生每天按计划阅读，并及时记录阅读情况。有计划、有意识地将课外阅读引入日常的课程计划，专设课时用于课外阅读指导，低年级每两周上一节课，用于师生共读；中、高年级至少每月上一节课，用于导读和交流。与此同时，设立快乐阅读时间段，让学生充分利用每天生活中的零碎时间，尽情阅读。

2. 读而有“法”，保证课外阅读的“质”

教育家莫提默·J·艾德勒在《如何阅读一本书》中写道：“想要增进阅读的技巧，一定要先了解阅读层次的不同”。艾德勒认为阅读一共有四种层次，第一层次的阅读称为基础阅读；第二层次的阅读称为检视阅读，这个阅读层次要求学生必须在规定的时间内完成一项阅读功课；第三层次的阅读称为分析阅读，就是全盘的阅读、完整的阅读；第四层次的阅读是最高层次的阅读，称为主题阅读，这是所有阅读中最复杂、最系统化的阅读。做主题阅读时，阅读者会读很多书，而不是一本书，并要列举出这些书之间相关的地方，提出一个所有的书都谈到的主题。主题阅读是最主动、最花力气的一种阅读。这四个阅读层次之间存在着包含的关系，即高层次的阅读既有自己独特的特性，又包含了低层次阅读的特性。需要对小学生由浅入深地进行指导。

小学阶段是培养学生良好阅读方法的关键时期。一般说来，小学生课外阅读需要关注精读、略读、选读、速读等方法。精读也称细读，这与课内阅读有很多相通之处，要对文本进行字斟句酌地分析。但是当今时代日新月异，只会精读，是很难跟上社会发展的脚步的，因此，教师必须教会学生略读。略读可以一目十行、走马观花地浏览，也可以随便翻翻书，略知书的条理和大意，还可以抓住关键语句，弄清主要观点即可，没有太高的词句理解要求。当然，在日常的阅读实践中，阅读方法要服务于阅读目的。很多时候，不同的阅读方法是穿插进行的，这要根据具体的阅读内容、不同的阅读目的，做出适合读者实际的选择。

3. 整合教材内容，拓展课外阅读

整合语文教材内容，要依据小学语文课程标准，结合年级目标，思考课堂教学中的三个大问题：学什么？学到什么程度？提升什么样的能力？确定每册课本中每篇课文的知识要点、重难点，以及学生的能力提升点，把握教材和课程的核心价值。从而确定是要精读精讲或略读略讲，还是要学生自读课文，让师生从仅指向考试或知识内容的阅读教学中解放出来，以便让教师在教学时不必平均用力，将略读课文节省出来的时间用在阅读补充的文章上，让学生尽可能多地去阅读，让学生开拓阅读视野、提升阅读素养、养成阅读习惯，提升阅读能力。

从附小使用的国家课程教材中的鄂教版和人教版教材来看，每一单元的主题是比较鲜明而且适合学生进一步阅读的，鉴于此，教师在重新整合语文教材的同时，根据每一单元的课文内容确定了一个单元主题，以这一主题为切入点拓展学生的课外阅读，并推荐了相关阅读材料。以一年级下册语文教材为例，推荐阅读材料如表7所示。

表7　推荐阅读材料

一年级下	绘本阅读	书本阅读
主题一 多彩的春天	《爱心树》	《春天的图画》 《三月，我们去植树》 《春天被卖光了》 《春天很大又很小》
主题二 美好的亲情	《猜猜我有多爱你》 《和父母相处》 《世界上最好的爸爸》 《第一百个客人》 《我爸爸》	《拖鞋》 《加号》 《爱这个字》 《拉链》
主题三 自然、环保、生态	《农夫去旅行》 《森林》	《高楼之间的客人》 《小小的希望》
主题四 快乐的夏天	《难忘的生日》 《椅子树》	《夏天的声音》 《夏天的湖》 《夏天》 《彩色的雨》 《夏天的扇》
主题五 动脑筋解决问题	《狼外婆》	《聪明的徐文长》 《机智的小山羊》 《智退敌军》
主题六 革命故事与幸福生活	《逃家小兔》 《小猪变形记》	《如今山窝窝变了样》 《让我们荡起双桨》

续表

一年级下	绘 本 阅 读	书 本 阅 读
主题七 好孩子、好品质	《坏习惯》 《有个性的羊》 《城里最漂亮的巨人》	《最美的和最丑的》 《明天还有明天的事》 《小珍珠》
主题八 科学知识	《放屁》 《从头动到脚》 《小威向前冲》 《好饿的毛毛虫》	《苹果落地》 《壶盖为什么会动》 《奇妙的蜘蛛网》 《动物的耳朵》

（三）选好课外阅读读物

课外阅读读物是影响学生阅读兴趣、阅读品位、阅读质量的关键因素。因此，在浩如烟海的书籍中，选择什么样的书籍让学生阅读尤为重要。除此之外，培养学生的阅读习惯需要一个过程，强加生硬晦涩、枯燥无味的书籍给小学生，很可能会适得其反，让学生对阅读产生抵触心理。因此，对于课外阅读读物，教师应善于引导，从学生兴趣、语文课堂出发。

1. 从学生兴趣出发

在传统的阅读观念的影响下，儿童的阅读兴趣倾向似乎总是和成人的期望相冲突。儿童阅读推广人阿甲在多年的调查中发现：很多时候，成人期望儿童的阅读兴趣在于富有教育意义的纪实类内容，而喜剧内容在他们看来是无意义的；对于图书的选择，成人常常会期望儿童快速脱离阅读儿童读物的阶段，对于幻想类的作品也多抱有不支持甚至反对的态度。

实际上，在选择儿童读物的时候，首先应遵从的就是儿童的多种阅读兴趣，成人应用开放和民主的态度接纳这种现象，然后鼓励儿童优先阅读优秀的作品，家长要及时引导，使儿童逐步学会与健康有趣的书籍为友。

2. 从语文课堂出发（群读类学）

群读类学是语文阅读的一种独特形式，它和“单元整组教学”、“主题教学”等有联系，但又有着很大的区别。它不仅把文章按人文内涵组合在一起，而且更深入文本内部，关注文章的表达形式、内部结构、核心观点和承载的信息，在文章之间形成结构化的“互文关系”，让学生在探索群文时，提高自身的阅读技巧。

语文组刘海英老师立足于送别诗阅读方法，采用合作学习的教学方式，将《别董大》、《淮上与友人别》、《送元二使安西》三首送别诗结合在一起“群读”。在教学中，课堂活跃有度，精彩纷呈，学生主动参与课堂，发现问题并自主提问，体现了学生的主动性。刘老师还将学校的特色吟诵融入到课堂当中，学生吟得入情入境，与送别古诗相得益彰。

赵刚老师执教“诸葛亮的智慧”，通过比较阅读文章《空城计》和《草船借箭》，延伸阅读《火烧新野》和《火烧博望坡》两篇文章，明确的教学目标、清晰的板块设计使得赵老师的课堂幽默智慧、简单而不简约。通过赵老师的匠心独运，熟悉的课文和古老的故事，让学生们感受到了诸葛亮的大智慧。同时，学生也习得了阅读一组文章的方法。

群读类学作为一种新兴的语文阅读教学方式，在革新传统语文阅读教学的同时，对语文教师的课堂教学提出了较大的挑战。课堂上要让学生读“一群”文章，就意味着教师要去读更多的文章，只有精神“丰盈”的教师，才能引导学生具有“丰盈”的精神。这也要求语文老师不断阅读、积累，让群文阅读真正起到丰盈学生精神和让学生获取海量信息的作用。

（四）上好小学生课外阅读指导课

课外阅读课程的有效实施是一个系统化的工程，需要有明确的课程实施计划、多样化的阅读课型、有效的课外阅读指导。因此，学校和教师根据学生实际情况制订了年度（学期）课程计划，包含课内外阅读，尤其注重假期的阅读安排。同时，还帮助学生制订了一份适宜的阅读计划，建立“阅读登记卡”，督促学生每天按计划阅读，及时记录阅读情况。

为了有计划、有意识地将课外阅读引入日常的课程计划，附小专设课时用于课外阅读指导，从而为阅读课程的开展提供保障，并将阅读课纳入课表中。

课外阅读是学生的个性化行为，但有效的课外阅读离不开教师的指导。课外阅读的指导过程，是学生在教师的指导下逐步形成良好的阅读习惯、掌握阅读方法的过程。因此，构建多样化的阅读课型是实施课外阅读的重要保证。基于学生的个性化需求，学校教师开发出了五种不同的阅读课型，分别是读物推荐课、阅读欣赏课、阅读方法指导课、读书汇报课和阅读综合实践课。课型及相关措施如表 8 所示。

表 8　课型及相关措施

课　型	措　施
读物推荐课	根据学期阅读计划中的书目推荐表定期向学生推荐必读书目和选读书目，以及最新、最适合学生们读的书目
阅读欣赏课	在对文本的浅层次了解上，强调感受、理解、欣赏和评价，帮助学生发现美、感悟美、创造美，其形式可分为体裁赏析、内容赏析及写作手法赏析等
阅读方法指导课	针对制订的课外阅读目标，在不同年级进行不同方法的指导，指导低年级学生读书动笔；指导中年级学生学会用读书符号做阅读批注；指导高年级学生撰写读书笔记以及学习浏览和速读的方法等
读书汇报课	在课前广泛阅读的基础上，学生汇报自己在课外阅读中的感受与收获，学生通过讨论、演讲、朗诵、表演、讲故事、写读后感等多种形式将读书心得与大家分享
阅读综合实践课	根据相关的阅读材料，组织学生开展主题阅读综合实践活动，让学生通过动手、动脑、合作等方式将阅读变为一个立体的、具有延续性的实践活动

（五）营造良好的课外阅读氛围

营造一种浓厚的阅读环境和氛围，能使课外阅读成为小学生个体的无意识行为，使学生成为课外阅读的实践者。学校和家庭是小学生生活的主要场所，因此营造良好的阅读氛围需要学校和家庭的共同努力。

1. 注重校园文化建设，营造书香校园

营造良好的阅读氛围，关键在于培育校园文化。校园文化如同一个“阅读情感场”，阅读校园文化能够发挥情感的感染性功能、弥散性功能、激励性功能和动力性功能，使学生全方位地接受到书香的熏陶。

阅读校园文化的培育，需要学校完善图书馆、充实藏书量、开放阅览室、创建图书角，为学生提供幽雅、舒适的阅读环境，让学生可以时时读、处处读、随意读。组建阅读共同体，提倡亲子阅读、师生共读或小组共读。聘请专业的图书管理员，了解图书的利用情况，及时增置学生喜欢的书籍，热情地为学生推荐好书和新书。除此之外，学校每年定期开展读书节等系列活动，引领学生在读书中感受学习的快乐，体验成长的乐趣，以此养成良好的阅读习惯。

在班级中，充分利用黑板报、墙壁等，营造书香氛围；征集读书名言，将征集的名言抄在黑板报上，或是做成书签与同学交换；建立班级图书角，每位学生至少要有两本读物，并定期与其他同学进行交换阅读；召开形式多样的以读书为主题的班级活动，以不断激发学生的读书兴趣，创设良好的读书氛围。

作为学生阅读的"先行者"与"同行者"，附小要求教师要身体力行，博览群书，有广泛的阅读兴趣和良好的阅读习惯。只有这样，才能更好地带领学生进入阅读的海洋，让学生浸润在书香中。

2. 调动家长资源，营造书香家庭

苏霍姆林斯基说过："学校里的一切问题都会在家庭里折射出来，而学校复杂的教育过程产生的一切困难的根源也都可以追溯到家长。"因此，家庭必须和学校结合起来，形成相互协作的局面。

如果家庭成员均喜欢读书，有良好的阅读习惯，那么家长和孩子可共同拟定读书计划，并按计划读书。家长能教育并引导孩子多读书、读好书、读整本的书。家庭如果有固定的读书时间与场所，家庭读书活动就能得到持续开展。

家长也要鼓励并督促孩子写读书笔记或做读书摘录，引导孩子在读书中思考人生，认识世界，发表自己独到的见解。家庭成员爱书、好学，有较好的知识文化素养，家庭书香氛围浓郁，拥有一定的藏书量，有一定数量的适合孩子阅读的课外读物，都对学生阅读素养的培养有很大的促进作用。家长能利用家庭藏书，积极参加学校和班级的各项亲子共读活动，将对孩子的教育成长等方面有较好的影响。家长如果能经常利用周末或节假日带孩子到书店或图书馆买书、看书，让读书成为一种休闲方式，成为家庭成员的一种生活方式，则能够对学生起到潜移默化的影响。

五、校本阅读课程的开发

（一）诵读国学经典

古典诗词是中华文化的瑰宝，千百年来光耀人间，滋润并哺育着华夏代代儿女。古代教育家孔子说："不学诗，无以言"。那些传诵不衰的诗词名篇，内涵深刻、意境高远，充满智慧与哲理。诵读古诗词，既可以让学生丰富语言，增长学识，更会令学生开阔视野，陶冶性情。附小的学生正处于学习知识的黄金时期，他们精力旺盛，求知欲强，记忆力也处在上升时期，适当学习和背诵一些优秀的古诗词，从宝贵的传统文化中汲取精华，对于发展智力，提高语文水平，培养审美能力，都是大有益处的。我国的诗教传统已从事实上证实一点：在儿童记忆力最强的时期，应尽可能地给予他们记忆训练，这样不仅可以培养儿童超人的记忆力，而且儿童由此获得的知识，会终身留存在他们的潜意识之中，成为他们出色的潜在力和思考力的源泉。

国家教育部颁布的《义务教育语文课程标准（2011 年版）》提出了背诵古诗词的要求，并列出了具体篇目，这无疑是一个具有深远意义的创举。为了加深小学生对必背古诗词及经典文本的理解和掌握，附小组织语文骨干教师，按照课程标准的要求，编撰了一套《国学经典》诵读本，其中选入的作品都是符合儿童的经典文本。有儿歌、童谣、古诗词，以及《弟子规》、《三字经》、《声律启蒙》中的部分内容，同时，也精选了《大学》、《中庸》、《论语》、《孟子》、《老子》中易于儿童记诵和接受的章节。

根据各个年龄段孩子的特点，语文组教师根据小学的六个年级（共 12 个学期）安排诵读内容，努力让学生们接触到适合自己且有价值的读物。小学六年时间，学生可积累古诗词 297 首（含鄂教版教材中的94首)，以及《弟子规》、《三字经》、《声律启蒙》、《大学》、《中庸》、《论语》、《孟子》、《老子》中的部分章节。

为方便学生背诵，每首诗词下面均附有注释和译文。注释主要用于解释难懂、令人费解的字词，以及涉及的典故，力求准确详尽。译文则以直译为主，辅以意译，努力保持原诗词的韵律和意境，文字也力求整齐美观。每册书后均附有鄂教版教材中的古诗词目录(以一年级上册为例，见表9)，以及古诗积累检查表，便于学生平时记录诵读情况。

表9　一年级上册古诗词目录

年　　级	儿　童　诗	古　　诗	弟　子　规
一年级上册	①数字歌 ②过山车 ③飞飞跳跳 ④小猫拉车 ⑤做手影 ⑥什么大 ⑦门 ⑧有条"蚯蚓"真可笑 ⑨大小多少 ⑩牵牛花	①山村 ②咏鹅 ③采薇(节选) ④鸟鸣涧 ⑤风 ⑥江上渔者 ⑦古朗月行(节选) ⑧咏华山 ⑨劝学 ⑩长干行	①总叙 ②入则孝 ③出则悌 ④谨

(二)"我爱读书"校本课程

新课标指出："语文课程应注重引导学生多读书、多积累，重视语言文字运用的实践，在实践中领悟文化内涵和语文应用规律"。语文课程重视写作教学与阅读教学、口语交际之间的联系，让读与写、说与写有机结合，相互促进。基于此，二年级语文组将教研视角聚焦在探索阅读与写作的有效性，通过对校本课程"我爱读书"、"我爱写话"的研发与实施，在"以读促写"的实践中培养学生的阅读能力，同时帮助学生积累语言，积极开发二年级学生的写作潜能，与三年级作文起步实现无缝对接，扎实有效地培养学生的语文学科素养。

1. 校本课程目标

校本课程目标如表10所示。

表10　校本课程目标

课程目标	具体内容
知识	从阅读中识字，积累好词佳句。了解情节，认识书中的人物
技能	能运用积累的好词佳句表达对喜爱人物、事物的感受，能讲述故事和书中难忘的情节或内容，并用几句话表达感受
价值观	通过积累感受文学和文字的魅力。用听、说、读、写、思的综合表达和评价提升阅读品味和阅读素养，促进良好阅读素养的形成

2. 校本教材中每单元的框架结构

校本教材中每单元的框架结构如图3所示。

3. 校本研发思路

经过两个班级的实验教学，教师欣喜地看到校本课程"我爱读书"在指导学生阅读、积累及应用方

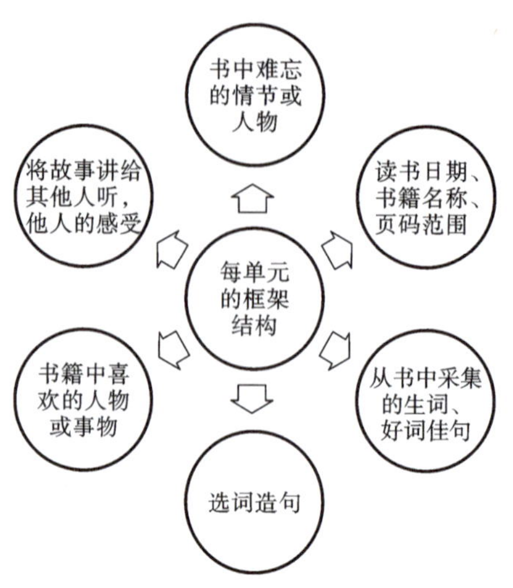

图 3　校本教材中每单元的框架结构

面的效果，也得到了家长的大力支持。为更方便学生使用，二年级语文组教师一起对课程教材的版面和内容进行了细致的改进，增强了该课程的操作性、指导性、趣味性和综合性。教材《我爱读书》现为A4版面大小，使学生在用眼和书写时更舒适。全书内容分为五个板块，如表11所示。

表 11　《我爱读书》教材板块

板　　块	主 要 内 容
①听说读写的秘密	引导教师和家长对孩子素养的形成予以关注
②阅读成长小花园	对学生听、说、读、写、思五个方面给予具体的评价标准，并用富有童趣的花瓣形式引导学生进行每月自评，让学生不断进步
③二年级阅读书目推荐	用几种符号让学生针对书中的情节、人物、文字做出评价
④我的读书存折	学生可以晒自己的阅读书目，让家长总评孩子的收获
⑤我的阅读与积累	学生依不同要求表达阅读收获

校本课程中最有特点的地方在创作部分，从“我会选词造句”到“我喜欢的书中的人物或事物”，从“我把故事讲给谁听，他(她)的感受是什么”到“书中最让我难忘的是什么”，体现对学生表达的层次训练。从感受文字的美到应用美的文字，从自己体会人物、事物的情感到与人分享阅读收获，听、说、读、写、思五个方面的全面训练也体现了阅读作为语文实践活动的综合效能。

（三）“故事大王”校本课程

人类是善于讲故事的生物，个人和社会无不过着故事般的生活。Jerome Bruner 曾说：“讲故事是人们理解自我生活和经历的一种方式，我们一直在故事中游弋。”讲故事是最古老的教育形式，它是保存、分享和纪念我们共同体的所有成员的智慧的一种方式。我们生存的意义亦嵌在故事之中，因为已讲过的和正在被讲的故事塑造了我们是谁，我们从哪里来，又到哪里去。通过讲述和分享彼此的个人故事，不仅可以使人们彼此联系在一起，而且可以使人们尊重人类的多样性和公共性。讲故事具有重要的教育价值，每一所学校都应重视并挖掘故事的价值与力量，使学校成为充满故事的地方。从某种意义上说，充满故事的学校才是具有文化内涵的学校。

在一个逻辑和理性占据主导地位的教育图景中，教学更多地沦为一种被专家管理的技术过程，而不是在社会的指导和支持下每个人所应承担的充满故事的旅程和富有挑战性的寻求。在教学领域，故事的被驱逐只能迫使儿童保持缄默，因为他们的故事在遭到拒绝的同时，他们的学习热情也随之受到抑制。为了唤起低年段儿童对故事书的喜爱，发展他们的口语表达能力，汪清和刘碧娟两位教师开发了“故事大王”这门课程，为一、二年级的学生提供一个平台，允许他们讲述自己看到的故事，包括发生在自己身上和身边的故事，以此实现学生个体成长和社会成长方面的转变。

（四）“绘本阅读”课程

绘本，也称图画书，它是一种独特的图书形式。绘本通常在二十几页到四十几页之间，每页都是由大量的图和少量的文字组成的。美国公共图书馆馆藏的儿童绘本，包括针对学前至小学二年级学龄儿童的读物和以图画为主、文字为辅，甚至无字的儿童读物。图画是绘本的灵魂，绘本上的图画一般是手绘的，生动迷人。绘本以图画为主体，用图画来叙事抒情、表情达意，叙述完整的故事。儿童从画面引发猜测和思考，通过看图就可以明白故事的内容。绘本主要是图画的艺术、视觉的艺术，其次才是文字的艺术。在大部分的绘本中，图画占多数，文字占少数，绘本以图像或图像搭配文字的形式来表现内容，这符合儿童文本解读特点，贴近儿童的阅读兴趣和认知能力。绘本故事横跨国界，穿越各种文化背景，透过文字与画面，学生可以进入不同的世界，孩子的想象力与创造力可得以自由驰骋，绘本可帮助学生从小养成阅读的习惯。因此，附小陈静岚老师和余梦萍老师为一、二年级的学生开发了“绘本阅读”这门课程，具体内容见表 12。

表 12 “绘本阅读”课程具体内容

三维目标	具体内容
知识与技能	让学生初步学习阅读图书的方法，了解绘本中的主要情节，激发学生阅读图书的兴趣，培养学生丰富的想象能力
过程与方法	让学生通过观察、想象等方法阅读图书，在阅读中体会，在体会中阅读
情感与价值	让学生在阅读中懂得“做自己，最幸福”，引导学生努力做自己，这样才能获得快乐和幸福

以上所阐述的小学语文课外阅读课程，是在阅读理论指导下开发的一门融感受、理解、体验、品味于一体的综合阅读课程，旨在改变以往阅读课程中所存在的一些主要问题，即课内阅读教学重阅读方法的指点，轻阅读兴趣的激发；重课内精读，轻博览群书；重单篇文章的阅读，轻整本书和多文本的阅读。该课程体系旨在激发学生的阅读兴趣，培养学生良好的阅读习惯，让学生掌握有效的阅读方法，提高阅读品位，促进学生语文素养的提升，从而为阅读内容与形式的创新开辟新的视角，为学生扩大阅读面、阅读量，养成阅读习惯、提高阅读素养提供可行路径，使学生成为爱读书、读好书、会读书、有良好读书习惯的阅读者。

在丰富多样的课程体系中提升数学素养

华中科技大学附属小学　冯胜　万川

【摘要】 在附小开展的湖北省"十二五"教育科学规划课题"小学个性化课程整体开发研究"中，数学组围绕小学数学国家课程的校本化实施开展了子课题研究——"小学生数学素养培养策略的研究"。在研究中，学校教师结合课改理念、学校培养目标，以及学生特点提出了"爱数学、会思考、善运用"数学素养校本化的培养目标，逐步明晰了课堂教学、学科活动、学习评价三个方面的培养路径，还探索了小学生数学素养的培养策略：一是立足"变教为学"的课堂教学，积淀数学素养；二是开展"板块建模"的教学整合，丰富数学素养；三是开展"主动实践"的数学活动，实现多元发展；四是开发与实施"启智"课程，拓展数学素养。

【关键词】 数学素养；变教为学；板块建模；主动实践；"启智"课程

"数学是人类文化的重要组成部分，数学素养是现代社会每一个公民应该具备的基本素养。"数学素养对于培养"全面发展的人"起着重要作用，小学是学生学习数学的基础阶段，小学数学对人的数学素养的生成与发展起着重要的作用。如何以国家数学课程为抓手有效地促进学生全面发展呢？附小以"小学生数学素养培养策略的研究"为载体，开展数学课程的校本化开发与实施，让学生的数学素养在丰富多样的课程体系中提升。主要研究过程与成效如下。

一、小学生数学素养的内涵辨析与结构模型

（一）小学生数学素养的内涵辨析与研究现状

对于数学素养内涵的理解，目前尚没有统一的界定，不同国家、不同研究者根据各自不同的研究视角和观念对数学素养的内涵有着不同的诠释。综合国内外研究成果，主要从以下几个角度来定义数学素养。① 从数学素质的角度来定义数学素养。2004 年，张奠宙从知识观念、创造能力、思维品质、科学语言四个层面对数学素养进行了概括，指出数学素养应包括数学意识、问题解决、逻辑推理和信息交流四个部分。② 从数学能力的角度来定义数学素养。2007 年，马云鹏认为："数学素养是指学生可以终身受益的数学能力"。作为培养学生一般素养的数学教育，除基础知识和技能外，更应当包括解决问题的能力、数学交流的能力、数学推理的能力，以及了解数学和现实的联系的能力等。③ 从区域、背景等视角来定义数学素养。澳大利亚全球生活技能调查基于对特定对象的调查将数学素养定义为："人们用来有效处理生活与工作过程中出现的数量问题所需的技能、知识、信念、气质、思维习惯、交流能力、问题解决能力的聚合"。④ 从个体、数学和社会综合角度来定义数学素养。在 2012 年的 PISA 测试中，数学素养（mathematical literacy）内涵的表述变成：个体能在各种情况下形成（formulate）、使用（employ）和解释（interpret）数学的能力，包括数学推理，使用数学的概念、过程、事实和工具，来描述、解释以及预测现象；它能帮助一个具有创新意识、积极和善于反思的公民认识数学在世界中所扮演的角色，并能做出良好的判断和决定。2004 年，朱德江认为："数学素养是指学生通过数学

教育以及个体自身的实践和认识活动，所获得的数学知识技能、数学能力、数学观念和数学情感等方面的素质”。这也是被国内大部分教育家及学者认可的一种理念。通过上述定义可以看出，研究者们对数学素养内涵的理解已经逐渐开始对个体、数学以及社会三者进行融合，在逐步寻求背景、内容以及认知和情感的统一，使人清晰地认识到数学素养是一个复合性的概念。

尽管各国学者表达数学素养的术语不同，提出数学素养的背景也有区别，但是这些数学素养的内涵都已经从特定的范畴，逐步过渡到个体现实生活的领域，数学素养是将个体、数学以及社会生活三者相结合的综合体，结合基础教育阶段的教学总体目标，小学生数学素养的培养具有一种基础性、发展性、主体性。《义务教育数学课程标准(2011 年版)》也增加了对“数学素养”的阐述，并指出：“数学素养是现代社会每个公民应该具备的基本素养”。

(二) 小学生数学素养的校本化构成要素与结构模型

综合上述对小学生数学素养内涵的解读，课题组认为：小学生数学素养包括数学知识与技能、数学能力、数学情感和数学观念四个一级要素。良好的数学知识与技能是形成数学素养的基础，数学能力是数学素养的外在表现和重要标志，数学情感是形成数学素养的动力和催化剂，数学观念是数学素养的内在修为和品质。而每个要素又由多个成分构成，即由二级要素构成，他们各自有着不同的作用和表现，相互之间存在着内在的必然联系。它们有机地联系在一起，共同构成了数学素养的一个整体结构(正四面体积木镶嵌模型，见图 4)。其中，面 BCD 表示数学知识与技能；面 ABD 表示数学能力；面 ACD 表示数学情感；面 ABC 表示数学观念。由于数学能力是直接影响数学活动(学习、研究、实践)的顺利完成和活动效率的一种稳定的个性心理特征，因此它是附小学生数学素养的核心要素。

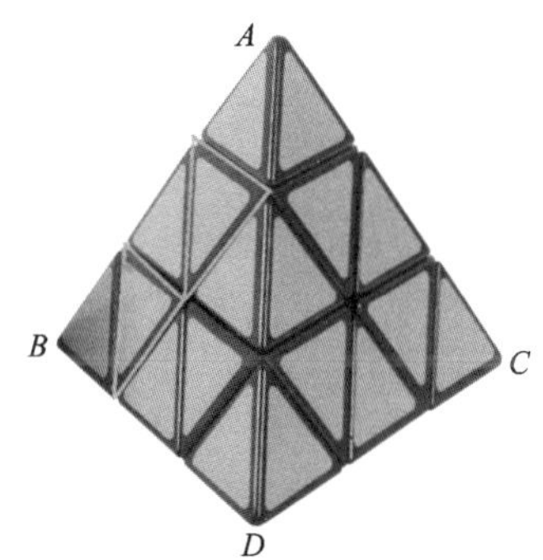

图 4　数学素养工四面体积木镶嵌模型

二、构建小学生数学素养校本化培养体系

(一) 数学素养校本化培养目标

培养小学生数学素养的重要场所就是学校，结合附小“平衡发展，快乐成长”的培养目标，在落实基础教育课程改革思想的基础上，以《义务教育数学课程标准(2011 年版)》为指导，充分发挥学校资源优势，制定了符合本校特色的小学生数学素养培养总体目标：爱数学、会思考、善运用。“爱数学”是指让学生对数学产生浓厚的兴趣，增强学生学习数学的动力，让学生快乐地学习数学；“会思考”是指让学生具备用多角度、多途径去探索问题的思维方式，养成独立思考、合作交流与反思质疑的思维能力；“善运用”是指让学生学会从数学的角度发现问题、提出问题、分析问题以及解决问题，获得解决问题的能力。

（二）数学素养校本化培养路径

数学素养的形成过程是一个长期的、渐进的过程，数学素养是在长期的数学学习和生活经验累积中内化而成的。学校通过研究与实践，逐步明晰了从课堂教学、学科活动、学习评价三个方面培养小学生数学素养的路径，如图 5 所示。

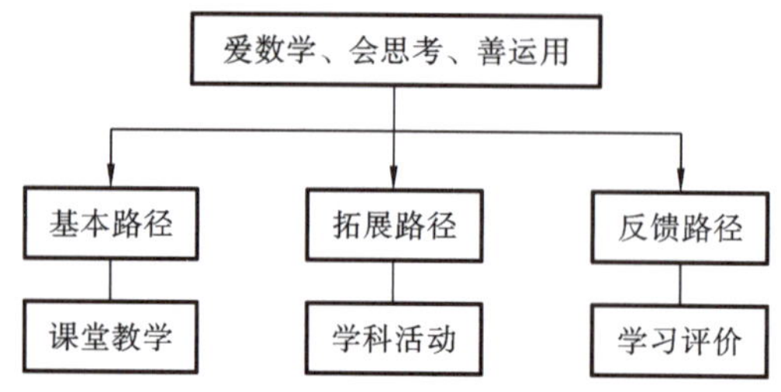

图 5　小学生数学素养校本化培养路径

根据课堂教学、学科活动、学习评价三个方面的培养路径，同时结合附小数学素养培养目标体系，数学组进一步梳理了不同培养路径的主要形式，落实了数学素养培养策略，有效促进了学生数学素养的发展。附小学生数学素养培养结构如表 13 所示。

表 13　附小学生数学素养培养结构

主要路径	主要形式	主要数学素养	
		一级要素	二级要素
基本路径 ——课堂教学	"变教为学"的课堂教学："启智"课程	数学知识与技能 数学能力 数学情感 数学观念	数学学习的兴趣 数学学习的习惯 数学思维能力 解决问题能力
拓展路径 ——学科活动	1～2 年级：口算达标检测	数学知识与技能 数学能力	技能应用 数感 运算能力
	3～6 年级：解决问题比赛	数学知识与技能 数学能力	简单应用 数学思维能力 解决问题能力 数学学习的意识
	数学"趣"哪？——3～6 年级特色数学实践活动	数学能力 数学情感 数学观念	数学思维能力 解决问题能力 数学学习的习惯 数学学习的意识 数学的价值
反馈路径 ——学习评价	笔纸测验 表现性评价	数学知识与技能 数学能力 数学情感 数学观念	数学思维能力 解决问题能力 数学学习的习惯 数学学习的信心

三、探索小学生数学素养的个性培养策略

（一）立足“变教为学”的课堂教学，积淀数学素养

数学素养的形成是以数学教学实践为基础实现的。课堂教学是学生数学学习的主要渠道，也是实施小学生数学素养培养策略的基本路径。长期以来，教师的教法往往是要求学生“认真听讲”，追求自身的“讲解清晰”，把“讲”等同于“教”，失去了知其然还要知其所以然的“启发性”、教无定法的“多元性”以及因材施教的“针对性”。在此基础上，学生的学法成为了单一的倾听、模仿与练习，追求的学习效果是“又对又快”。缺失了体验知识发生与发展的思考过程，缺失了自然、自由、自主的思考与交流。这样也就使得数学教学的过程缺失了“过程性”与“实践性”，进而使数学教学的“育人”功能打了折扣。

“变教为学”期望数学教学的过程成为学生、教师以及知识的“三边互动”过程（见图6）。学生学习的过程不单单是倾听教师讲解的过程，更多的是与知识发明者之间的直接互动，经历知识发生与发展的过程，经历知识创造者的思考过程，体验创造知识的成功与失败，经历创造知识出现错误的过程，以及通过反思修正错误的过程。学习的过程不仅仅是吸收的过程，而且是伴随着主动发现与发明的过程。教师不只是知识的传授者，而更多的作用是启发、鼓励、组织和帮助学生学习。

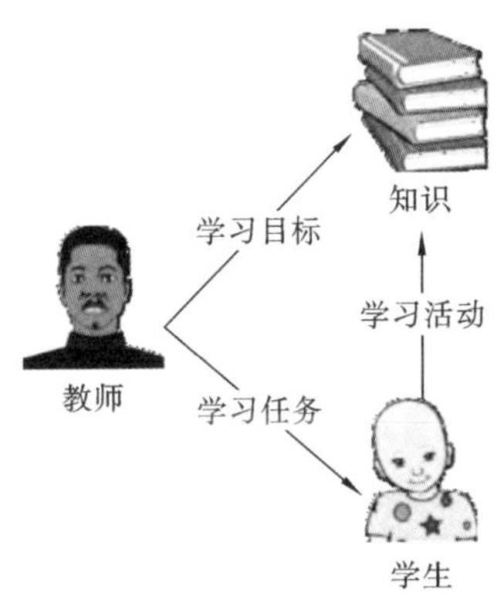

图6 “变教为学”教学模式

对于“变教为学”的教学模式，数学组对教师角色、备课价值，以及学习活动三个方面进行了重新认识和构建，帮助学生积淀数学素养。

1. 重新定位教师角色

在“以学为主”的课堂教学中，教师的角色可以概括为“导学、诊学、助学”。其中，“导学”指的是引导学生学习，导学的目的主要包括三个方面：一是“知学”，也就是要让每一位学生明白自己将要学什么和做什么；二是“愿学”，也就是设法让每一位学生具有开展学习活动的动机；三是“会学”，就是让每一位学生掌握正确的学习方式，这样的学习方式可能是自主的，也可能是合作形式的，不同的学生可能适合不同的学习方式。

在学生的学习活动开始后，教师最重要的任务就是“诊学”和“助学”。所谓“诊学”就是诊断学生的学习，“助学”指的是依据诊学的结果对学生的学习实施有针对性地给予帮助。诊学的手段主要是观察，通过观察发现学生在学习过程中的问题和困难，对于普遍性的问题和困难需要记录下来，并思考解决的办法，对于个别学生的问题和困难则需要实施个别的帮助。这一过程实际上是“课中备课”

的过程，通过对每一位学生的关注与观察，为应当“讲什么”和“对谁讲”获取信息，使得“教”的活动更有针对性。

教师角色的重新定位有利于学生主体地位和教师主导作用的和谐统一，为学生的数学素养发展提供良好的环境和条件。

2. 重新理解备课价值

对应“以教为主”课堂教学的备课方式是“备教为主”，就是把备课过程中思考的内容定位于“教师应当说什么和做什么”，期望把教科书以及教学参考书中的内容准确全面地讲清、讲顺。“变教为学”需要改变这种备课过程中的思维方式，把主要思考的内容定位于学生应当“学什么”和“怎样学”，也就是要确定学生应当学习的内容和设计学生应当经历的学习活动。

备课应当思考的基本问题是学什么和怎样学的问题，思考的基础是对数学知识本身属性的认识，对于不同属性的数学知识，学习内容与学习活动的设计是有区别的。数学课程中的知识大致可以分为两种类型，一种是“主观性”知识，即依据人的需求与主观意愿所发明或创造出来的知识。例如，用于计算的“竖式”，就是人们为了减轻计算时的思维负担所创造出来的记录计算过程的一种方式，这类知识具有“人造”的特点。另一种是“客观性”知识，即对客观存在的事实或者规律的描述与判断。如“平面上任意三角形的三个内角之和等于180°”，就是对平面上所有三角形所共有的一种客观事实的描述与判断。此类知识的特点是具有确定性，而且不依人的意志转移。

备课时，对“学什么”和“怎样学”这两个问题的思考不是分开的，而应是融合在一起的，并且都要基于对所学知识点及其认识过程的本质属性的认识。“发现”的知识与“发明”的知识的属性不同，当然学习的方式也就有了差异。发现的过程的核心环节是“观察与比较”，发明的过程则重在“需求与创造”（见表14）。

表14 “变教为学”课堂教学的知识特点与核心学习环节

学习内容	知识特点	核心学习环节
“客观性”知识	本质属性是对客观规律的描述，此类知识具有“确定性”，不以人的意志为转移	观察与比较
“主观性”知识	本质属性是人的“发明”，这一类知识通常是依赖于人的主观需求而出现的	需求与创造

根据学习知识的特点，采取合适的学习方式，不仅有利于学生经历数学知识与技能的形成过程，更有利于学生数学能力、数学情感、数学观念的协调发展，从而感悟数学思想，积累数学活动经验，实现数学学习的“育人”价值。

3. 重新认识学习活动

教师在准确把握知识的本质属性，合理设置学习目标的基础上，实现“把目标变成任务、把知识变成问题、把方法变成活动”，让学生在课堂学习活动中“爱做、能做、善做”。因此，在“变教为学”的教学研究中，特别强调学习目标、学习任务和学习活动三个概念。其中，学习目标是解决“学什么”的问题，学习任务是学习目标的具体化，用于引导学生开展学习活动，学生的学习活动是与教师设定的学习目标紧密相关的。备课中首先要思考的不是如何设计学习活动，而应当集中精力思考“学什么”的问题。换言之，也就是首先要确定学习目标。

学习目标可以分为总目标和子目标，总目标通常是由教科书中的课题名称所决定的，而教师在备课时应当把这个总目标分解为若干个子目标，即要思考总目标需要通过哪些子目标来实现。这些子目标以及它们之间的顺序就形成了所谓的学习过程。学生的学习活动自然而然地就融会在这个过程中了。

以人教版二年级下学期的“有余数的除法”为例，有余数的除法算式经历长期的发展，才统一成我们熟悉的表达形式。从知识类型来看，其属于“主观性”知识，其核心教学方式是“需求与创造”。就教学目标而言，主要理解余数和有余数的除法的含义。根据这样的总目标，可以设计子目标、学习任务以及学习活动，这样的教学设计可以通过表格的形式简单地呈现出来（见表15）。在本课程中，学生“创造”了一些有余数的除法算式（见图7），经历了算式表达从多样到统一的过程，学生不仅深刻理解了余数和有余数的除法，而且数学思维能力和数学学习的意识等诸多方面的数学素养也得到了发展。

表15　有余数的除法教学设计表

总目标	理解余数和有余数的除法的含义			
子目标	经历余数的产生过程	描述余数和有余数的除法的横式	经历有余数的除法算式从多样到统一的过程	理解表内除法与有余数的除法的关系
任务	让学生用小棒摆图形，并说明发现了什么	用算式表示摆草莓的过程	让学生说明自己的算式表示什么意思，这些算式有没有可以改进的地方	让学生说明算式“6÷2=3”和“7÷2=3……1”有什么相同和不同的地方
活动	操作、观察、比较、表达	观察、回忆、书写	比较、讨论、评价	比较、表达

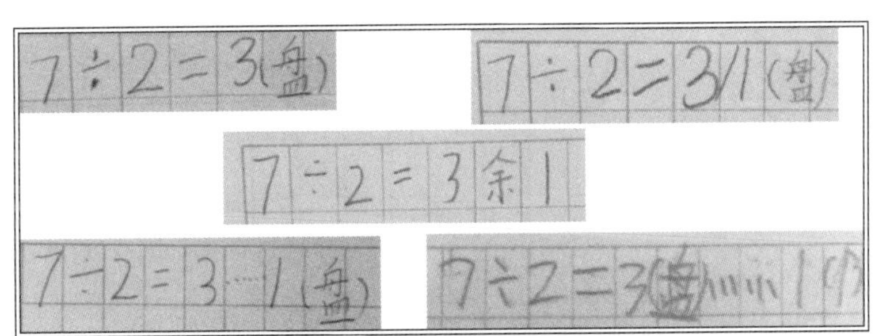

图7　学生“创造”的有余数的除法算式

（二）开展“板块建模”的教学整合，丰富数学素养

由于数学知识的内在逻辑性很强，教学不仅要关注知识的“生长点”与“延伸点”，更需要将教学内容置于整体知识的体系中，处理好局部知识与整体知识的关系，让学生感受数学的内在联系。为此，课题组开展了“板块建模”的教学整合，试图将内容相似的学习内容整合，优化教学方式，进一步帮助学生积累数学活动经验。

从学的角度看，注重“板块”的整体性，有助于让学生了解知识的源头、发展和去向，有助于让学生理解不同内容的内在联系，更有助于帮助学生积累数学活动经验，提升学生主动构建知识体系的能力，养成会学习的本领，培养综合数学素养。从教的角度看，注重“板块”的整体性，有助于准确定位教学目标，形成基于教学内容特点的教学策略。与此同时，开展“板块建模”的教学整合可以帮助青年教师快速成长，整体把握教学内容，提升教学能力。

本校教师将数与代数、图形与几何、概率与统计、综合与实践四个领域的课程内容再次重构，明确了数与形的认识、数的运算、形的测量与运动、解决问题四个核心板块。核心板块不仅沟通了课程内容与教学价值，更关注了核心板块教与学策略的整体性与连续性，例如："数的运算"核心板块，需要关注对学生的运算能力、推理能力、数感以及模型思想等核心素养的培养。

对于"板块建模"的教学整合，主要从以下三个方面开展研究。

1. 建立内容结构，认识目标定位

由于数学教材是根据知识的逻辑顺序与学生的心理顺序，按照螺旋上升的原则编写的，因此每个知识点分散在不同年级。在研究过程中，首先将分散在不同年级的知识点围绕核心板块的教学内容建立内容结构，这样有利于从整体上把握每个知识点的目标定位，还有利于在教学时充分考虑学生的已有知识与经验，找准教学起点。如对于"数的运算"核心板块中的除法竖式计算，教师将分散在不同年级的教学内容和目标进行了整理(见表16)。

表16　除法竖式计算教学的内容与目标

年　　级	学　　期	内　　容	目　　标
二年级	下学期	有余数的除法	①通过操作、观察、对比等活动，让学生发现在日常生活中分物时，存在着分不完有剩余的情况，借此理解余数及有余数的除法的含义 ②通过操作、计算、比较等活动，让学生经历除法竖式(含表内除法的竖式)的书写过程，理解竖式中每个数所表示的意思，培养学生的数学表达能力 ③初步掌握试商的基本方法，能较熟练地进行有余数的除法的口算和笔算
三年级	下学期	除数是一位数的除法	①经历口算除法的探索过程，会口算除数是一位数，商是整十、整百、整千数的除法，以及一位数除几百几十(或几千几百)的除法 ②让学生经历一位数除多位数笔算的探索过程，掌握一般的笔算方法，能正确地计算一位数除多位数，并能用乘法验算
四年级	上学期	除数是两位数的除法	①经历口算除法的探索过程，会口算整十数除整十数、几百几十的数(商为一位数) ②让学生经历两位数除多位数笔算的探索过程，掌握两、三位数除以两位数的笔算方法
五年级	上学期	小数除法	①掌握小数除法的计算方法，能正确地进行计算；能根据算式特点，合理选择口算、笔算、估算、简算等方法 ②掌握用"四舍五入"法取商是小数的近似数，能根据实际情况合理运用"进一法"和"去尾法"取商的近似值

2. 关注典型问题，明确学习难点

学生在学习过程中，有时会出现形形色色的错误，有时还会自己创造出一些"非标准"的解答，出现错误或产生问题的原因也千差万别，但探索是人类的天性，只有通过探索，人们才会不断成长，并从中收获智慧。因此，教师应该认真对待学生的错误或问题，从本质上分析错误或问题产生的原因，并对其加以合理利用。研究过程中，教师收集学生学习数学时的典型错误或问题(统称为典型问题)，从中发现学生的思维逻辑和过程，进而解读学生的认知水平、思维方式和学习习惯，帮助明确教学难点，这有助于形成个性化的教学策略。

在学习有余数的除法时，学生在计算“23÷5”时，出现了除法的竖式问题中一个比较典型的错误，如图 8 所示。

$$\begin{array}{r} 4 \\ 5\overline{)\,2\ 3} \\ 2\ 3 \\ \hline 0 \end{array}$$

图 8　典型错误示例

要追溯此类问题出现的原因，不妨将本题与让学生用竖式计算“15÷5”进行对比，可通过表内除法计算出“15÷5＝3”，在口算得到商的基础上再介绍除法竖式。实际教学显示，学生通过表内除法很快得到商，却很难理解除法竖式，主要困难集中在两处：一是受到口算的影响，学生已经会进行熟练的口算，接纳竖式的内需感不强；二是竖式中出现了两个 15，第一个 15 表示被除数，第二个 15 表示 5 与 3 的乘积，学生尽管经历了操作、仿写，但真正理解这两个 15 不同含义的学生还是不多。第二个 15 大多是抄下来的，而不是算出来的，学生在竖式学习中容易产生错误心理指向——除法竖式中的乘积只要抄下来就可以了。这样的“错觉”先入为主，从而出现了错误的竖式路径，给有余数的除法的竖式学习埋下了“祸根”。简单地说，学生对笔算竖式除法的算理不曾关注，更谈不上理解，导致算法出现错误。由此可见，有余数的除法的竖式学习难点是让学生掌握除法竖式的写法及各个部分所表示的含义。

3. 实施整体教学，丰富数学素养

“板块建模”的教学整合核心就是改变教学策略分散的现象，探索沟通教学内容与学生认知的整体教学策略，从而实现教学难点的有序突破和学生数学素养的提升。在实施整体教学时，主要应从以下几个方面探索培养学生数学素养的教与学策略：一是重视已有知识和经验，突出自主探索，促进学生迁移、类推能力的发展；二是重视多元表征的转化，促进学生的数学理解；三是重视学生在主动探索和反思中，积累和形成灵活的数学思考的能力。如“数的运算”核心板块中的除法竖式计算教学，教师围绕教学内容、学习难点形成了教学策略（见表 17）。

表 17　除法竖式计算的教学体系

<table>
<tr><th>教学内容</th><th>学习难点</th><th>教学策略</th></tr>
<tr><td>有余数的除法
（二年级下学期）</td><td>有余数的除法的竖式学习难点是让学生掌握除法竖式的写法及各个部分所表示的意义</td><td rowspan="4">①引导学生经历除法竖式的形成过程，感受除法竖式计算的优越性
②重视直观教学，借助多元表征，促进学生对算理和计算规律的理解
③重视已有知识和计算经验，突出自主探索，促进迁移、类推能力的发展
④引导学生在主动探索和反思中，积累和形成灵活的试商的能力
⑤重视专项训练，化解学习难点
⑥重视相关计算习惯的培养，促进良好运算素养的形成</td></tr>
<tr><td>除数是一位数的除法
（三年级下学期）</td><td>除数是一位数的除法是除法竖式的起始教学点，学习难点是让学生领悟除法竖式的实质</td></tr>
<tr><td>除数是两位数的除法
（四年级上学期）</td><td>试商方法不仅是除数是两位数的除法的学习难点，还是学习除法的一个难点</td></tr>
<tr><td>小数除法
（五年级上学期）</td><td>小数除法的学习难点是对被除数和除数中的小数点的处理</td></tr>
</table>

（三）开展“主动实践”的数学活动，实现多元发展

学生数学素养的培养不能单纯地依靠课堂教学，数学学科活动不仅是课堂学习的延续与拓展，还是课堂学习的充实和发展，更是学科知识的应用和迁移。在研究中，数学组结合《义务教育数学课程标准(2011年版)》要求与数学素养校本化的培养目标，系统地开展了“课内实践的学科活动”与“课外实践的拓展活动”两个方面的数学学科活动，以此不断丰富学生的数学素养。

“课内实践的学科活动”主要有：① 1～2年级口算达标检测活动，该活动通过听算、视算、口算等形式丰富的训练方式，提升了学生的运算能力，也发展了学生的数学思维的灵活性和敏捷性；② 3～6年级解决问题比赛，该活动引导学生主动运用数学知识解决问题，培养学生发现和提出问题的能力、分析和解决问题的能力。

“课外实践的拓展活动”有“数学‘趣’哪——3～6年级特色数学实践活动”。教师充分利用学生熟悉的、感兴趣的事例来设计实践性活动任务，每个年级提供两个数学实践活动选题及活动指导单，学生根据兴趣自由选题，并组建研究小组开展实践活动，形成研究成果(研究报告或研究小报)。例如，五年级特色实践活动的两个选题为“小学生消费状况调查”和“有趣的体积测量”。在开展“小学生消费状况调查”活动时，学生需要综合运用统计知识，联系生活实际设计一份问卷调查表，然后在本班或学校开展“五年级学生消费状况调查”。小组成员一起运用统计知识将收集到的数据进行整理，并完成一份简要的调查分析报告。通过调查，有的小组在发现了学生零花钱的集中区间和用途的基础上，提出了合理化的建议(见图9)。这样的实践活动不仅让学生学会用数学的眼光看问题、用数学的思维想问题、用数学的知识解决问题，更实现了让学生在主动实践中，养成尊重数据、科学分析、主动反思的良好习惯，从而有效发挥数学的“育人”价值。

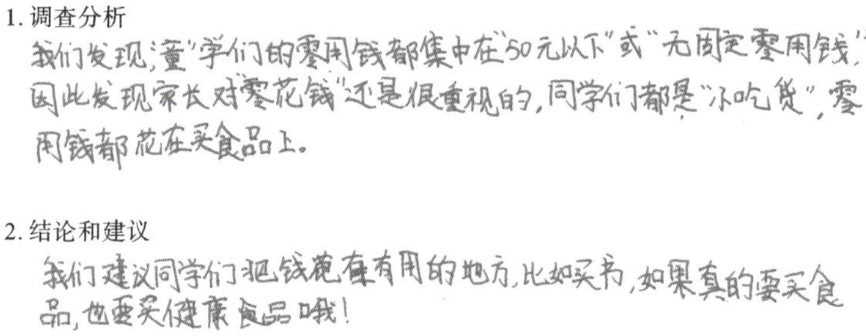

1. 调查分析

我们发现，童“学们的零用钱都集中在“50元以下”或“无固定零用钱”，因此发现家长对零花钱”还是很重视的，同学们都是“小吃货”，零用钱都花在买食品上。

2. 结论和建议

我们建议同学们把钱花在有用的地方，比如买书，如果真的要买食品，也要买健康食品哦！

图9　学生开展“五年级学生消费状况调查”的调查报告(部分)

四、开发与实施“启智”课程，拓展数学素养

在研究过程中，本校教师深刻感觉到数学素养的培养和形成是一项系统性和复杂性的工作，数学素养不仅需要在日积月累的数学学习中逐步形成，也需要建立和完善科学有效的训练体系。本校教师试图联系现行小学数学教材，围绕数感、符号意识、运算能力、推理能力等核心词开发设计60个数学活动案例，形成数学校本化课程，以激发学生的学习兴趣，发展学生的思维能力，让学生形成良好的学习习惯和积极的情感态度。

数学学科的校本课程为“启智”，相关教材根据学段划分为上册(1～3年级)和下册(4～6年级)，每个年级的上、下两个学期各设计5个数学活动案例。所开发、设计的活动案例，充分考虑了这样几点：有助于学生数学学习兴趣的培养；有助于丰富、完善数学教材的内容；有助于感悟数学思想，积累数学活动经验。

人教版数学教材三年级上册中有“吨的认识”这一学习内容，由于该内容较为抽象，与学生实际生活仍有一段距离，造成学生对“吨”的认识仅停留在“1吨=1000千克”的单位换算层面，没有建立吨的表象。为进一步丰富学生对“吨”的感性认识，教师结合教材开发设计了“让人惊奇的‘1吨’”活动案例，该活动案例的主要内容如下。

【活动一】联系生活实际，找一找，说一说：你发现（　　）个（　　）的质量大约是1吨。

【活动二】小调查。生产1吨石油需用水（　　）吨，生产1吨钢材需用水（　　）吨，生产1吨纸需用水（　　）吨。算一算：生产5吨石油，10吨钢材，20吨纸分别需用水多少吨？你有什么感受？

【活动三】回收1吨废纸能生产再生纸800千克，相当于少砍17棵大树。如果每人每月回收2千克废纸，一年每人可以回收废纸多少千克？照这样计算，全班同学一年回收的废纸大约有1吨吗？通过计算，你有什么感受和建议？

该活动案例中，通过比较、类推等多种活动帮助学生进一步感受了1吨的含义，发展了学生的量感和数感。与此同时，学生通过调查了解1吨物品与其他物品之间的联系，深化了对“吨”的认识。在具体情境中，主动运用所学数学知识进行估算。在调查、计算、交流等活动中，还提高了学生节约资源、保护环境的意识。

在“启智”课程的实施中，教师充分将批判性思维教育、合作学习以及信息技术等教学前沿与课程实施相结合，不断丰富课程实施的形式，也在学习内容与学习形式方面极大地促进了学生综合素养的提升。

在研究中，教师体会到对学生数学素养的培养是一个不断思考、不断探索的过程，没有固定的标准答案。数学素养的提升是一个师生双方依托教学内容、教学过程主动构建的结果。

参考文献

[1] 王子兴，宋秉信，昌国良. 中学数学教育心理研究[M]. 长沙：湖南师范大学出版社，1999：99-101.

[2] 张景彪. 素养教育[M]. 北京：清华大学出版社，2012：17.

[3] Lange Jan De. Mathematical literacy for living from OECD-PISA Perspective[J]. Tsukuba Journal of Educational Study in Mathematics, 2006 (25): 13-35.

[4] 王乃涛. 内涵和价值：有待厘清的数学素养[J]. 江苏教育，2009(1)：5.

[5] 王子兴. 论数学素养[J]. 数学通报，2002，(1).

[6] 郑强. 数学素养与数学教学[J]. 山东教育学院学报，2006(5).

[7] 朱德江. 小学生数学素养的构成要素与培养策略[J]. 学科教育，2004(7).

[8] 顾沛. 十种数学能力和五种数学素养[J]. 高等数学研究，2001(1).

[9] 朱德全，宋乃庆. 论素质教育观下的数学教育[J]. 教育研究，1998(5).

[10] 杜文平. 小学生数学素养评价方案的研究[J]. 教育测量与评价(理论版)，2012(2).

[11] 部舒竹. “变教为学”从哪儿做起[J]. 教学月刊小学版(数学)，2013(9).

[12] 部舒竹. “变教为学”再说备课[J]. 教学月刊小学版(数学)，2014(5).

[13] 部舒竹. “变教为学”的文化性[J]. 教学月刊小学版(数学)，2014(9).

[14] 部舒竹. “变教为学”中的学习活动[J]. 教学月刊小学版(数学)，2014(10).

[15] 朱德江. 小学生数学素养的内涵解构与培养路径[J]. 小学教学研究，2012(28).

[16] [美] 约翰·杜威. 民主·经验·教育[M]. 彭正梅，译. 上海：上海人民出版社，2009.

[17] 部舒竹. 变教为学需要“自然、自由、自主”的课堂氛围[J]. 教学月刊小学版(数学)，2014(6).

[18] 贲友林.构建“以学为中心”的数学课堂[J].基础教育参考,2013(9).
[19] 赵雄辉.数学课程改革中值得注意的几个方面[J].湖南教育,2013(9).
[20] 申建春.数学课改的几个问题[J].湖南教育,2013(9).
[21] 余慧娟.科学·精致·理性——对“尝试教学法”及中国数学改革的思考[J].人民教育,2011(72).
[22] 郑毓信.数学课程改革如何深入?[J].人民教育,2010(5).

以培养批判性思维为导向的小学英语课堂教学研究

——以小学英语故事课中批判性思维的渗透研究为例

华中科技大学附属小学　王婧　方秋景

【摘要】 中国一线教育者越来越意识到培养学生批判性思维的重要性，如何将批判性思维培养和学科教学相结合是每位教师在实践中都会遇到的难题。本研究基于Peter Facione等专家构建的批判性思维的双维结构模型(APA 1990)、Bloom的认知领域教育目标分类和苏格拉底问答法等研究成果，在小学英语课堂中实施批判性思维的校本化研究，以研究带动教师培训，以教师课堂实践作为研究对象，以求在华中科技大学附属小学的英语课堂中初步建立起以培养学生批判性思维为导向的教学模式。目前，英语课题组以小学英语故事课为切入口开展实践研究。

【关键词】 批判性思维；认知目标；小学英语故事课

一、研究背景

（一）批判性思维的培养已经成为中国教育界的焦点

随着国际化进程的进一步加快，中国的一线教育者越来越意识到培养学生批判性思维的重要性。① 美国有学者提出了4C理论，即21世纪最不可或缺的四项能力：communication(交流)，cooperation(合作)，critical thinking(批判性思维)和creativity(创造力)。② 当今时代是一个信息爆炸的时代，很多人在对各种信息的处理中迷失了自己，很容易盲目跟风或者盲目否定。③ 人类社会有创新才能有发展，而批判性思维能力可以更好地促进人的创新能力的提高，对人的发展起至关重要的作用。从以上三点可以看出批判性思维的重要性，所以如何将批判性思维培养融入到学科教学中是每一位一线教师亟待解决的课题。作为一名一线教师，研究如何将批判性思维培养融入到小学英语教学中，无疑是一件有意义的事情。

（二）批判性思维的培养有助于转变以教师为中心的课堂模式

在平时的听课学习过程中，作为一线教师可以发现，一些教师设计的课堂活动内容有趣，形式多样，学生反应热烈，但是如果没有明白活动背后的设计意图和活动布局，只是单纯地照搬过来，那么学生并不一定能真正从中受益。

除了这些，教师们也会不自觉地在课上运用一些自己熟悉的教学方法，这些方法有时候并不一定能够满足教学的要求，尤其是在很多情况下不能够充分调动学生的积极性。

结合以上问题，本校教师在研究中发现，如果教师能够成为一个会审视、质疑自身或他人课堂的批判性思维者，那么这些问题都可以迎刃而解，所以将批判性思维培养渗透到学科教学中可以更加深入地转变以教师为中心的课堂模式，融入了批判性思维的课堂可以让学生和教师成为学习共同体，从而互相促进、共同进步。

（三）以故事课为切入口开展研究

既然有了方向，接下来就是脚踏实地地进行研究和实践。努力的方向为实现将批判性思维融入到小学英语教学中去，但是这一目标的实现不可能一蹴而就，研究的切入口一定要小。所以在英语课的课型中，最终选取将故事课型作为一个切入点，故事课型作为英语课型中综合性最强的一个，它最容易融合批判性思维培养，进而提高学生的思维能力。

在湖北省教育科学“十二五”规划课题——“个性化课程多元理解与整体开发研究”的子课题中，英语组确定以“以培养批判性思维为导向的小学英语课堂教学研究”为研究方向，并最终以小学英语故事课为切入口进行研究。

二、研究目标

本研究的最终目的是结合批判性思维方法，以小学英语故事课为切入口，建立起符合华中科技大学附属小学特点的英语教学模式。其最高目标是发展学生思维的自觉性和深度，以培养学生的批判性思维。

三、研究内容及意义

（一）研究内容

本课题主要针对批判性思维的培养。批判性思维是一种对思维方式进行思考的艺术，该艺术能够优化人的思维方式。一个合格的批判性思维思考者无论思考什么内容，都能通过分析、评估、重构自己的思维来提高自己的思维水平。所以批判性思维是一种集自我控制、自我要求、自我监控、自我修正为一体的思维方式。本研究致力于让参与课题研究的教师以及学生都能通过具体的学科课程（在本课题中为英语学科）来使自己的思考达到最佳水平，即能够清晰地思考，拥有熟练的技能水平，能经常使用批判性思维工具分析和评估思维方式，并且能够保持公正。

（二）研究意义

在当今社会，人们越来越认识到人才培养的核心就是思维的培养，没有批判性思维就没有科学创造。所以有关批判性思维的话题在现代教育的潮流中变成了最重要的课题之一。而作为被全世界公认批判性思维水平最差的亚洲，这个话题必然会更加得到重视。中国是重视发展教育的大国，所以有关批判性思维培养的问题理当引起中国教育者的重视。在小学英语课堂中，没有批判性思维的教师就很难对自己的课堂进行改进，学生就只能通过机械的操练和强化来对语言进行学习，这样习得的语言知识很难内化成为学生自己的东西。

所以批判性思维在小学英语课堂中的渗透可以从根本上改变小学英语课堂中填鸭式、机械式的语言教学方式。通过转变思想，教师不只关注课堂活动是否多样或花哨，而是更多地从思维的角度上串联课堂活动，这样不但能使课堂更加高效，也能让学生真正成为学习的主人。同时，思维层次的考量会让课堂活动的设置与教学目标的制定联系得更加紧密，教师能更轻松地引导学生自己思考并且最终实现教学目标。同时对于学生思维的培养势必也将提高学生的英语写作能力，而这将提高学生对英语实用性的认识，也必将使他们在未来社会的竞争中处于优势地位。

四、研究方法

本研究主要采用了下列研究方法：文献研究法、行动研究法、实证研究法。

(1) 文献研究法。通过查阅国内外相关文献了解批判性思维的内涵，并通过Bloom的认知领域教育目标分类找到将批判性思维渗透到英语课堂的结合点，同时通过研究批判性思维的教学方法（例如苏格拉底问答法）来研究如何将批判性思维渗透到小学英语课堂教学中。

(2) 行动研究法。英语组教师结合理论学习的成果，共同商讨如何解决在教学中遇到的实际问题。

(3) 实证研究法。本研究中，教师基于自己的探索发现了一些方法，并在实践中检验方法是否可行。

五、研究过程和成果

（一）培养和加强小学英语教师批判性思维的基本素质和技能

1. 研究过程——课堂观察及反思

要想培养学生的批判性思维，首先要培养教师的批判性思维。为了加强英语教师的批判性思维，让英语组的教师们能更清晰地观察、反思自己的课堂，英语组专家顾问——江汉大学的李文浩教授对全组教师进行了跟班听课指导，且英语组教师在一个学期中共上了44节组内交流课。将课堂的关注重点放在学生的课堂行为上，目的在于使教师们基本具备用批判性思维的方法观察和反思课堂的能力。上完课后，教师们通过回放录像观察学生的行为，并记录"课堂观察"笔记，从以下几个方面反思自己的课堂："教师行为"是什么？"学生行为"是什么？二者是否一致？不一致的原因是什么？教师行为和学生行为是否一致是衡量一个课堂好坏的基本标准。在李教授的指导下，英语组的教师们通过反思和讨论，分析出课堂中出现教师行为和学生行为不一致的原因有以下三点。① 教师的指令不够清晰易懂，可操作性不强；② 教师布置的任务不能吸引学生的注意力，不能激发学生的兴趣，而往往能激发思考、想象、创造力的活动才能吸引学生；③ 课堂纪律不佳也是影响课堂效率的关键因素。

此外，教师们通过观察自己的课堂，也意识到制定合理的教学目标的重要性，并认为教学要有逻辑性，教学活动的设计必须符合学生的思维层次。基于此，教师们对教学方法进行了学习和探索，认为美国学者马杰（R. F. Mager）提出的ABCD法能使教师清晰合理地制定教学目标，ABCD（A＝audience，教学对象；B＝behavior，行为；C＝condition 条件；D＝degree，标准）法要求教师用一句话概括学生主体、学习条件、学生行为和行为的程度四个部分，也就是要求教师能够清楚、准确、有意义地表达单个目标，要求教师在设定单个目标时要具备批判性思维的特征，教师们通过理论学习和课堂实践，都能熟练地使用ABCD法编写教学目标，并以此指导课堂教学。

同时，英语组教师也为将批判性思维培养融入小学英语课堂找到了媒介，这就是Bloom的认知领域教育目标分类。Bloom等人在认知学习领域中把教学目标分成六大层次，从低级到高级依次为：记忆、理解、应用、分析、评价、创造。记忆（remember）：主要指记忆知识，要求学生对学过的知识和有关材料能进行识别和再现，这一学习目标要求学生能够做到确认、定义、选择、默写、背诵等。理解（understand）：主要指对知识的掌握，能抓住事物的本质，把握材料的意义和中心思想。应用（apply）：

指能把学习的知识应用于新情境，这一目标要求学生能做到列举、计算、设计、示范、运用、操作、解答实际问题等。分析(analyse)：指能将知识进行分解，找出组成的要素，并分析知识的组成原理及相互关系。评价(evaluate)：指根据一定的标准对事物给予价值判断，这一目标要求学生能做到比较分析、评价效果、分辨好坏、指出价值。创造(create)：即创作、生成、假设、制定、计划、设计、制作、建构。前三个思维层次是比较低级的思维层次，而真正能在课堂中贯彻后三个思维层次才是教师在将批判性思维课堂渗透到英语课中时应该做到的。

2. 阶段性研究成果

在第一个阶段，英语组的教师们通过观察、反思自己的课堂，能够更清晰地认识到教师行为对学生行为的影响，以及自己设计的活动是否有效，并真正做到以学生为中心，关注学生行为，制定合理的教学目标，设计符合思维层次的教学活动。这一阶段，教师们批判性思维的基本素质和技能得到了培养和提高。

另外一个重要的成果就是教案的编写方式得到了改变，英语组教师改变了传统的教案模式，让教案中渗透教师的批判性思维，这具有提高学生批判性思维的效能。第一，改变教学目标的编写模式，运用 ABCD 法编写教学目标，让教师清楚、准确、有意义地表达目标，让目标更体现批判性思考。第二，改变教学步骤的编写模式，在教学步骤的书写方式中，教师把学生行为放在前面，把教师行为放在后面，这促使教师谨记自己的教学行为要时时刻刻以学生为中心。第三，在教学目标中加入思维认知目标，设定教师希望学生在本课中需要达成的思维层次，为了达成批判性思维的培养目标，教师一般会将思维认知目标终点设定在分析、评价和创造这三个层次中。这个学期，英语组全体教师使用了新的备课形式，完成了教案的改革。

（二）将培养小学生批判性思维的目标分解为英语的教学目标

1. 研究过程——英语课程的校本化实施

在第一阶段，英语组教师的批判性思维的基本素质得到了提高，但最终目标是培养学生的批判性思维，所以必须结合英语新课标制定培养学生批判性思维的具体目标。这一阶段，英语组教师结合理论、方法、国情、校情和学科特点，制定了《华科附小英语课程校本化实施整体方案》。该方案以学科规律为根本，以新课标为基础，以审慎明辨的思维为导向，使华科附小的学生在教师的引导下，在 6 年的时间内获得了完整的英语学科体验。

英语组教师根据英语的学科特性，并结合自然拼读理论、批判性思维理论、跨文化交际理论、外语教学理论等，针对学生的年龄特点和认知水平，制定了 1～6 年级整体设计方案。该方案具体到每个年级目标的基本目标和高级目标，在不同的年级体现了英语的拼音文字特性、全球性、工具性、人际交往特性、文化特性和英语的表达创造功能等。

2. 阶段性研究成果

根据《华科附小英语课程校本化实施整体方案》中制定的 1～6 年级校本课程目标，英语组教师通过查看文献、搜集资料、课堂实践等方法，制定了 1～6 年级每个学期的校本课程。

(1) 一、二年级英语校本课程——“字母起源 & 自然拼读”。

一、二年级学生的定位为掌握英语的拼音文字特性，字母起源部分补充了教材之外的大写字母来源的故事及英语文化背景知识，增加了学习英语字母的趣味性。自然拼读部分弥补了教材里缺乏的拼读训练，旨在让低年级的学生通过大量的单词拼读训练，掌握字母的发音规律，让学生见词能读、听音能拼，为学生在中、高年级的学习奠定良好的基础。

(2) 三、四年级英语校本课程——“科学实验 & 歌曲 & 剧本”。

三、四年级学生的定位为了解英语的全球性和工具性。用英语讲解科学小实验既体现了学科的融合，又体现了语言的工具性，还激发了学生的科学精神和思维能力。英语歌曲和英语话剧体现了语言的全球性。让学生在歌曲的节奏中学习英语的韵律，从而激发学生的学习兴趣。学生可以在话剧表演中学习语言的文化背景，彰显自己的个性。

(3) 五、六年级英语校本课程——“诗歌 & 电影 & 故事”。

五、六年级的学生要着重学习英语的人际交往特性、文化特性和英语的表达创造功能。五、六年级的学生已经具备了一定的语言积累，因此他们应将学习重点放在诗歌的欣赏、电影文化背景的分析中，诗歌最能体现语言的韵律，电影最能反映文化背景内涵，也最适合做口语模仿训练。此外，还要培养学生用英语讲中国故事的能力，例如用英语讲“花木兰”、“神笔马良”的故事等。语言学习的最终目的是跨文化交际、宣传中国文化和培养爱国主义情操。

该校本课程是对国家课程的补充，有利于学生获得更多的英语学习体验，拓宽学生的知识面，提高学生的文化意识，使学生对英语学科内容、结构的思考能力得到提高，并体现了附小特色。在此阶段，根据英语的文化特性，英语组教师撰写了论文《小学英语课堂教学中的文化渗透》。

（三）以批判性思维为导向改进教学的工具和方法

1. 研究过程——以批判性思维为导向改进教学的工具和方法

此阶段英语组教师通过将理论学习和课堂实践相结合的方法对英语教学方法进行了思考和改革，学习“结构主义语言观”、“功能主义语言观”和“交互作用式语言观”，并反思自己在课堂中运用的是什么样的语言观。此外，教师也对《国家英语课程标准》中的课程理念进行了深入的探讨，并反思自己课堂中的活动符合什么样的教学原则。更重要的是，对批判性思维相关文献的研究发现，很多批判性思维者将批判性思维看成是思维能力和情感方面因素的结合体。1987 年，美国哲学联合会委托著名的哲学家、作家 Peter Facione 召集了美国和加拿大 45 位有名望的哲学家、科学家与教育专家，用两年时间，经过多轮的严格探讨，共同完成了特尔斐项目(The Delphi Project)，构建了批判性思维的双维结构模型(见表 18)。

表 18　批判性思维的双维结构模型

认知能力(cognitive skills)						情感特质(affective disposition)
阐释(interpretation)	分析(analysis)	评价(evaluation)	推理(inference)	解释(explanation)	自我调节(self regulation)	
归类、理解意义、澄清意思	分析看法、找出论据、分析论证过程	评价观点、评价论据	质疑证据、提出替代假设、得出结论	陈述结果、说明方法、得出论据	自我评估、自我纠正	好奇、自信、开朗、灵活、公正、诚实、谨慎、好学、善解人意等

由此，英语组的教师需要更加懂得从德育和智育两个方面对课堂进行改造。通过理论结合实际，英语组教师能够批判性地思考英语课堂的活动，并能有意识地去调整自己的教学行为，有原则地制定教学目标，建立起符合新课标的教学原则和途径，恰当地整合教材内容，从而有效率地上好语言综合技能课程。

2. 阶段性研究成果

2014 年 9 月到 2015 年 2 月，英语组教师的主要目标是以批判性思维为导向改进教学的工具和方法。这段时间里，英语组教师通过理论学习和教学实践，讨论以批判性思维为导向的英语教学法，并将批判性思维落实到每一个课时、每一种课型中。此阶段英语组每位教师每两周上一次研讨课，每周进行一次教研活动，并邀请李教授进行指导，共同探讨如何让教学的每一个活动，都能帮助学生提高批判性和创造性地分析问题的技能，以及独立思考的能力，从而提高学生的批判性思维能力。本阶段英语组教师的研究论文《故事版块的课型分析及实践思考》和《小学英语故事教学中的有效提问》分别获得了东湖新技术开发区教育科学"十二五"规划 2015 优秀论文评选一等奖和二等奖。

（四）批判性思维在小学英语课堂中的渗透研究

1. 研究过程——批判性思维在小学英语课堂中的渗透

与第三阶段的批判性教学方法相衔接，本阶段研究如何以小学英语故事课堂为突破口培养学生的批判性思维。李教授提出批判性思维理论与具体教学相结合的原则有四个：① 批判性思维先行原则，把批判性思维活动放在其他操练性的学习活动之前有利于提高其他学习活动的有效性；② 思考核心问题原则，以学生思考的方式解决学科和学习核心问题有利于让学生掌握学科本质，从而形成个性化学习策略；③ 思维源头的追溯原则，追溯学科内容的思维源头有利于学生理解学科的内在逻辑；④ 应用思考的要素和标准的原则，针对学科思考中的要素和标准进行反思有利于形成高质量的批判性思维。根据这四个原则，英语组教师首先梳理了 3～6 年级的教学目标，并根据《义务教育英语课程标准(2011 年版)》和批判性思维，制定了符合附小校情、学情的校本化课程目标。根据此课程目标，再对 3～6 年级所有的英语故事课进行分类与讨论，通过组内研讨、请教研员和请李教授指导，教师为每个年级编写了具有批判性思维的故事课例。然后进行磨课、录课、研课、修改教案，最终形成较为成熟的课例。

2. 阶段性研究成果

(1) 从 2015 年 2 月到 9 月，英语组教师完成了附小校本化英语课程的课程目标，并通过理论与教学实际相结合的方法，反复磨课、研讨，最终制定了 3～6 年级英语故事课课例。英语组教师根据本阶段的研究，撰写了论文《批判性思维培养在小学英语故事课堂中的渗透研究》。

(2) 找到了批判性思维德育、智育培养在故事课中的体现形式。

批判性思维技能在故事课中的活动体现如表 19 所示。

表 19　批判性思维技能在故事课中的活动体现

技能	说　明	内　容	在故事课中的体现形式
阐释	理解和阐述观念、表达的意义	辨认问题、目的、主题、观点；阐明、分类、概括文本的含义	①听或读故事，然后根据故事内容判断正误 ②听或读故事，然后复述故事大意 ③听或读故事，然后找出故事中的核心词
分析	辨别观念、表达中的各要素及关系	辨认、分析观念、论证；识别相似性差异性；发现假设	①听或读故事，然后画出文章的简图(思维导图) ②听或读故事，然后分析故事中的人物关系
推理	寻求证据；推理、猜测、预测、整合	寻求、质疑证据；推理结论；预测后果；构造假说；考虑多种可能性	①听或读部分故事，然后说一说如果你是主人公，你会怎么做 ②根据故事内容给故事写一个合理的结尾
评估	评价数据、观念的可信性和推理的逻辑强弱	评估信息可信性；判别论证的相关性、确定性；比较各种观点的优劣	①读一读故事，你觉得哪些地方不太可能发生 ②你觉得哪两幅图片之间缺少联系

续表

技能	说　明	内　容	在故事课中的体现形式
解说	全面清晰地表达和说明推理及结果	表述结果;展示论证;说明和辩护过程	说一说你觉得故事主人公是个怎样的人,为什么这么说
自律	元认知——自我检查、自我修正	自我检测、分析、评估;修正自己的认知活动	小组活动后,再次审视自己的答案,或上网搜集资料,再次检查自己对故事的理解和对一个观点的看法

结合 Richard Paul 和 Linda Elder 对批判性思维维度的界定,教师在探索中发现,课堂语言会对学生的批判性思维倾向有积极影响(见表 20)。

表 20　教师常用课堂语言及相应的批判性思维倾向

批判性思维倾向	课 堂 语 言
谦虚	引导学生耐心倾听(Please listen to your classmates carefully.)
勇气	鼓励学生在有不同意见时发表自己的看法(If you have different ideas, please tell me.)
自主性	支持学生有自己的想法(You can have your own idea.)
换位思维	创设情境,让学生换位思考(If you are…, what would you do?)
坚持	鼓励学生不要放弃(Let's listen/read it one more time, I believe you will make it.)
相信理性	多问学生为什么(Can you tell me why?)
公正	鼓励学生公正地评价不一样的但却有道理的观点(What do you think of her/his idea? Do you agree?)

同时,教师要教会学生如何去评价自己和别人的观点,始终坚持以批判性思维理论标准来衡量学生的表现。

六、研究小结

(一) 成果小结

1. 物化成果

(1) 阶段一。用 ABCD 法编写教学目标,全面变革教案模式。

(2) 阶段二。确立三门英语校本课程:一、二年级为“字母起源 & 自然拼读”、三、四年级为“科学实验 & 歌曲 & 剧本”、五、六年级为“诗歌 & 电影 & 故事”。发表论文《小学英语课堂教学中的文化渗透》。

(3) 阶段三。发表论文《故事版块的课型分析及实践思考》、《小学英语故事教学中的有效提问》。

(4) 阶段四。完成了附小校本化英语课程的课程目标,发表论文《批判性思维培养在小学英语故事课堂中的渗透研究》。

2. 应用成果

首先,在本研究中,教师可以感受到学生的思考有了深度。在以上模式的指导下,教师完成了在故事课中对学生进行访谈,学生对于故事的整体理解加深了,而且在坚持这种模式的情况下,学生表达出的语言也越来越有深度。例如,在教师安排的就故事内容提出合理问题的环节,有的学生在开始时只能够提出“Who are in the story?”或“How many people are there in the story?”这样的问题,而在进行了一定的渗透了批判性思维的故事课教学后，学生能够提出像“What do you think of the man in the story?”和“What is the relationship between the characters?”这样的问题，这样的问题足以证明学生在理解故事的水平上提高了一个层次。

其次，学生的学习能力有了很大的提高。通过教师的访谈，有的学生表示以前在课上完全是在听语言点的解释，认为语言点没问题就没有问题了，但是在教师步步深入的侧重思维的引导方式下，学生表示以后在碰到新的故事时自己也会有一定的学习方法，而且对于故事的学习也不仅限于明白意思，而是会思考更多图片和故事背后的东西。不同于以往照搬式地表演故事，现在孩子们更喜欢表演自己改编过的故事。

（二）课题小结

从 2013 年 9 月到 2015 年 1 月，在研究“以培养批判性思维为导向的小学英语课堂教学研究”这个课题的一年多时间里，英语组教师的批判性思维基本素质得到了提高，教师能够更清晰地思考自己的教学方式，批判性地看待自己的课堂。理念的更新带来了教学的改革，英语课堂教学将更有层次，目标将更加清晰，活动设计会更具逻辑思维，提问会更有效。将理论与实践结合，运用批判性思维英语教学方法和技巧，将批判性思维融入小学英语课堂教学，提升学生的思维层次，让学生成为求真求是的探索者和具有批判性思维能力的思考者。

英语组教师基本上完成了本子课题需要解决的关键问题，虽然在此过程中遇到了附小英语课时体制的变化，但是教师们坚持目标，顺利解决了问题。不过也有遗憾，由于时间较短，目前只完成了英语故事教学模式的探索，但未来教师还将探索以批判性思维为导向的英语歌曲、阅读等课型的教学模式，使英语课堂教学模式更有系统性。在接下来的时间里，附小将会坚持将批判性思维融入英语课堂教学，小步走、不回头，最终达到提高附小学生批判性思维能力的目标。

开发课程资源，培养体育素养

华中科技大学附属小学　郭琴　汪光明　谢永龙

【摘要】 国家于2011年修订了《义务教育体育与健康课程标准(2011年版)》，由于我国地域辽阔，各地区的气候、文化、经济等差别较大，《义务教育体育与健康课程标准(2011年版)》中的内容很难全部标准化地实施。所以，《义务教育体育与健康课程标准(2011年版)》在确立课程目标体系和课程内容的基础上，提出了具体教学内容的选择原则，特别鼓励学校和地方从自己的师资队伍、场地与器材、学生的体育基础等方面的实际情况出发，选编适宜的教学内容、开发相应的课程资源，确保课程的正常实施。课题组结合本校具体情况对国家体育课程进行了优化，遵循“健康第一”的指导思想，开发了《趣味田径》、《拓展游戏》、《自护自救》、《小学体育室内课教材》四门校本教材，来更好地实现《义务教育体育与健康课程标准(2011年版)》的目标，培养学生的体育素养。

【关键词】 开发；课程资源；体育素养

一、附小体育课程校本化开发背景

国家第八次基础教育课程改革提倡三级课程管理，即国家管理、地方管理和学校管理，每一层面各自承担不同的权利和责任。体育与健康的校本课程包含两层含义。一是国家课程校本化，即本课程属于国家规定的必修课程，应该根据中华人民共和国教育部制定的《义务教育体育与健康课程标准(2011年版)》的精神和要求来实施教学，同时，为了提高国家课程对本校的适应性，还要紧密结合本校的实际创造性地开展教学。二是特色项目，即学校长期以来形成的深受大多数学生喜爱的传统运动项目。附小依照课标的要求以及人教版的《体育与健康教师用书》，结合自身的师资队伍、场地与器材、学生的体育基础等方面的实际情况，选编适宜的教学内容、开发相应的课程资源。基于此，附小选择适合本校校情的内容对国家体育课程进行了优化，遵循“健康第一”的指导思想，开发了《趣味田径》、《拓展游戏》、《自护自救》、《小学体育室内课教材》四门校本教材，来更好地实现《义务教育体育与健康课程标准(2011年版)》的目标。

二、开发学校外部资源，为学生体育锻炼搭建平台

由于体育教育资源具有多样性、多功能性和潜隐性的特点，附小的体育教育正做着由校内向校外延伸的尝试。附小因地制宜，充分利用家长及社区资源，形成学校、小区、社会三级体育锻炼平台。

1. 依据生活小区组队，亲子共同进行体育锻炼

附小地处美丽的华中科技大学校园内，针对学生居住小区相对集中、运动场地开阔且安全性高的特点，学校划分出了东区、中区、西区三个锻炼片区。在大部队的推动下，以年级、班级为单位，成立片区锻炼小组，家长志愿者轮流当组长，积极组织学生利用小区的体育锻炼基础设施和场地等资源开展简单易行的体育锻炼活动。还将孩子们的锻炼情况在班级博客及特色班会中进行展示，由此带动更多的孩

子和家长参与校外锻炼活动，这有利于亲子关系的培养和亲子感情的建立。

2. 利用社会健身资源，增添学生运动乐趣

《义务教育体育与健康课程标准（2011 年版）》要求“利用社区的体育场馆、设施和器材等资源辅助教学”。学校充分利用高密度的社会体育场馆资源，与羽毛球场、跆拳道场、健身自行车场等多个场馆进行沟通，每个场馆每星期为学生免费开放 1～2 次，场馆专业教练也会为学生提供运动技术指导，如有重大赛事还会邀请学生观战，目前学生已经欣赏到了泰拳比赛、街舞比赛、CUBA 篮球赛等高水平的比赛。这不仅缓解了学校运动场地不足的现状，丰富了体育教学内容，还有效激发了学生的运动兴趣，从而实现更好地为教学服务。

3. 利用网络信息资源，丰富学生体育知识

随着网络的发展与普及，体育传播的通道增加、速度加快。附小体育教师紧跟时代潮流，充分利用网络信息资源，积极引导学生在课外去阅读、观看、收听和体育与健康有关的信息，比如要求学生一周观看两次以上体育频道中的新闻和重大体育赛事，并在家长的帮助和陪同下上网查询关于体育、奥林匹克的知识，了解与运动损伤、疾病的预防与处理有关的知识等，以此来帮助学生丰富体育与健康方面的知识，提高学生的体育与健康素养。除了课下让学生自主通过网络进行学习外，在自护自救课上，以及室内体育课上，教师会充分运用多媒体信息技术，让学生通过观看视频来更准确、更直观地学习到自护自救的处理方法、手势，以及部分体育技能的动作要领。

三、开发校本课程，促进学生体育素养的形成

学校希望通过体育与健康国家课程的校本化实施，结合附小自身特色，充分挖掘学校及校外课程资源，探索出一套适合附小学生体育与健康发展需要的体育课，来更好地实现《义务教育体育与健康课程标准（2011 年版）》所提出的目标。国家体育课程有如下几类：基本身体活动、体操活动、球类活动、武术、民族民间体育活动、体育游戏、发展体能练习。附小体育组教师围绕着课标所提出的“健康第一”的理念，并结合自身经验和学生的兴趣，以及学校的设施资源环境，选择开发了四本校本教材，分别是《趣味田径》、《拓展游戏》、《自护自救》和《小学体育室内课教材》。

1. 注重学生基本运动能力的培养，开发《趣味田径》教材

之所以选择将趣味田径作为主要的课程内容，是因为教师认识到了素有“运动之母”之称的田径在各项体育运动中的基础性地位，以及田径训练对全面提高少年儿童身体素质、促进他们坚强体魄的形成和身心的健康成长有着重要的作用。但长期以来，传统田径内容成人化、难度偏高、缺乏趣味性，因此田径运动在学校的开展受到了阻碍，越来越多的学生丧失了学习田径运动的兴趣，而“没有丝毫兴趣的强制学习，将会扼杀学生追求真理的愿望”。于是，附小体育组教师结合实际状况，开发了趣味田径运动课程，希望以更灵活、有趣的田径运动形式，吸引更多的学生参加田径锻炼。趣味田径是针对学生的身心特点而专门设计的某些有趣味的田径活动的总称。最早的“田径运动趣味化”口号是由德国提出的，其主要手段是采用走、跑、跳、投等田径的基本运动形式进行练习，在活动形式上融入一定的体育游戏，其目的是提高学生的运动能力和参加活动的积极性，从而增强学生的体质。

为了确保学生们都能在体育课堂上得到锻炼，附小体育教师仍然把练就扎实的体育技能基础看作是重点，把身体的活动锻炼作为体育课堂上的主要内容，强调学生的身体一定要动起来，学生在体育课上要“出汗”，要重视对学生体能的训练和基本技能的培养，让学生练就扎实的基本功。在体育课中，教师要确保每一个学生都进行了锻炼。首先是热身准备活动，让学生进入学习状态，这通常需要7～8分钟；然后是具体课程内容的学习和练习，这也是一堂课的主体部分，合理安排学习顺序，合理调

整运动负荷，并采用适合教学内容的教学方式，这通常需要30分钟左右；最后就是快要下课时的放松环节，让学生的身体逐渐恢复到相对安静的状态，同时肌肉、韧带、关节都得到放松，这一般需要2～3分钟。每一个课堂环节都是必要且重要的，都要围绕着对技能、体能的锻炼展开。

在趣味田径课的课堂教学当中，对于一年级学生的30米跑就是直线跑；对于二年级学生，30米跑中要加入障碍物，要让学生亲身跑动，从中体验两点间直线最短的原理；而三年级的学生则要开始练习50米跑。这种相类似的排列方式就是螺旋式排列，前一阶段的学习是为后一阶段打基础的，而后面的学习则是对前面学习的巩固和提高，这是一个不断循环上升的过程。体育课堂上的教学内容的排列必须建立在对其层次的明确区分上，要将体育教学内容放到层次的范畴内去考虑。可以说，学生对运动技术的掌握是靠这些不同循环周期的合理安排和相互作用来实现的。附小这种依据学年的循环可以在更大范围内使学生发展某一方面的运动技能，并多次享受某个项目带来的乐趣。表21所示的为附小对不同年级学生的基本动作技能的要求。

表21　对不同年级学生的基本动作技能的要求

动作技能	一年级	二年级	三年级	四年级	五年级	六年级
跑	30米跑：能够区分不同距离的直线跑；分析自己跑的是否是一条直线，动作是否协调；要自然站立起跑，学会听信号起跑	30米跑：对准目标直线跑，明白两点间直线距离最短；加入障碍物	50米跑：在没有直线的情况下对准目标直线跑、快速跑；加入障碍物，两人合作接力跑	50米跑：进行冲刺跑，快速冲过终点；进行障碍跑	50米跑：分组练习冲刺跑，快速冲过终点的同时要能够追上向前移动的轻物；障碍跑，不仅要越过障碍物，还要交换地上的两个物品，这是对学生反应能力的训练	50米跑：进行加速跑，起跑后要学会加速步幅和步频；进一步提高跨越障碍物的能力（跨栏架摆放的距离应不一样），进行接力赛
跳	熟悉并脚跳和单脚跳的概念；掌握用力蹬地、屈膝、轻巧落地等技术要领	学会蹬摆的动作，以及上前一步并单踏双落的技巧，蹬地动作和手摆的动作要一致	双脚起跳并收腹，能跳过具有一定高度的障碍物；单双脚能够自然协调地连续跳	掌握在一定区域内踏跳的方法；掌握单踏双落连续跳	学会跨越式跳高，两腿能够依次并连续跳过具有一定高度的障碍物	学会蹲踞式跳远，要连续跳过具有一定高度的障碍物；学会助跑，学会判断和确定起跳点，助跑和最后踏跳的动作要协调、连贯
投	掌握向前挥臂，经肩上、头侧将轻物投出的方法；了解一些简单的基本术语；提高对投掷的兴趣	对学生投掷轻物提出高度、距离和准度方面的要求	要求学生在投掷轻物时有一定的目标意识；同伴之间学会相互协作，一人抛“流星球”，一人抓，培养学生之间的合作意识	将实心球投过跨栏架板；将实心球投过具有一定高度的横绳，学会调整出手角度	学会有助跑的垒球投掷，并用垒球击打移动目标；投掷垒球，比谁投得远	投掷少儿软式标枪，练习屈臂投掷、转体挥臂投掷，要将投掷物投过具有一定高度的栅栏

通过分析可以发现，不同年级对于跑、跳、投这三个基本动作技能有着不同的要求，并且要求和难度逐年增高。从30米直线跑到50米跨栏跑，从双脚跳跃到蹲踞式跳远，从投掷轻物到投掷少儿软式

标枪，难度逐渐加大。课程内容的系统化保证了学生不是对每个动作都点到为止，而是让学生真真正正、扎扎实实地学习每一个动作技能的全部要领，从简单到复杂，层层递进。连贯的教学内容能够让学生真正有所学、有所得，不仅仅要“学会”，更要“学好”。

2. 激发学生的运动兴趣，开发《拓展游戏》教材

拓展游戏课上，附小体育教师所设计的每个游戏，都会针对中、低、高年级不同年龄阶段的学生制定不同的具体游戏规则，这也是对“激发学生的运动兴趣，培养学生体育锻炼的意识和习惯”的理念的具体实现，也符合课标中提出的“小学阶段，要注重体育游戏学习，发展学生的基本运动能力”，希望每一个孩子都能通过游戏感受到体育运动带来的快乐并爱上体育，让运动伴随自己的一生。拓展游戏课的具体教学内容见表22。

表22　拓展游戏课教学内容

类别	名称	教学内容	教学反思	教学建议
游戏设计类	打地耙	以解放军投手榴弹炸敌为模版，让学生自由组合进行创新练习，主要让学生锻炼手臂的投掷动作，并培养学生的团队合作意识	有的同学投掷器材的动作不正确，器材会直接砸到地上或投不到远处，教师要注意提醒并鼓励学生不要丧失耐心	教师要激励学生在分组练习时发挥团结合作的精神；中、高年级的学生要保证动作的稳定，多练习上肢
	连体蛙	学生首先自主练习青蛙跳，然后分组进行手拉手练习，接着进行多人牵手跳和纵队扶肩跳，以训练学生腿部力量，培养学生团队合作意识	进行手拉手练习时会出现跳不起来的现象，教师要予以鼓励并指出动作要领；适时加大难度，以此提高学生之间的相互配合能力	要循序渐进，从单人跳逐渐过渡到多人跳，在这个过程中要逐渐培养学生的团队意识，即个人要服从团队
	喊数抱团	学生围成圈慢跑，教师站在圈内，当教师喊出一个数字时，学生要按照听到的数字抱起来组成团，教师检验是否正确；对于中年级学生要增加游戏难度，教师不直接喊数，而是以加减乘除的方式提问，学生经过算数后才能抱团；对于高年级学生则不以人数来计算，以“几条腿”来计算，会有单双数之分，因此学生之间需要默契配合	学生会出现找不到搭档的情况，这时教师要把握机会向学生传递相互合作的意识；要不断提高中、高年级的游戏难度，以免中、高年级学生丧失游戏兴趣	教师在上课之前要统计参与游戏的人数，以此来决定喊的数字；慢跑可以改为走或做行进间操的形式；“惩罚”形式要合理，可以让学生做一节操或进行锻炼
	拉网捕鱼	男生两人一组作为渔网，女生当小鱼并以单脚跳的形式前进，教师发令后渔网捕鱼，在规定时间内看谁捕到的最多；对于中、高年级学生要加大游戏难度，被捕的小鱼要成为渔网的一部分，逐渐结成大网，看谁能坚持到最后	游戏过程中，随着渔网的不断增大，学生跑动越来越困难，要鼓励学生相互帮助，达成一致的目标，坚持到底	要在宽阔的场地进行，确保游戏的安全性和趣味性；教师要在旁边进行观察，适时提醒

续表

类别	名称	教学内容	教学反思	教学建议
游戏设计类	同舟共济	先是两人一组，手搭肩合作跳到“河对岸”，然后尝试让四人一组手搭肩进行练习	可以让学生边跳边喊“嗨、嗨、嗨……”的口号，以增强游戏的节奏感	要强调学生步伐的一致性；让学生懂得团队合作的重要性
	十面埋伏	将学生分为若干组，在指定区域内由几名学生扮演战士，对面站着狙击手，战士要相互配合躲开狙击手的射击	创设军营的情境，让学生尽快进入各自的角色，主要练习投掷的动作；学生要相互合作，培养团队意识	低年级用多个小橡皮球作“子弹”；中年级用健身球作“子弹”；高年级用毽球作“子弹”
跑跳走动作技能类	交叉行进	进行最基本的队列交叉走练习，教师一边说：“听口令，向前走，不慌不急慢慢走，1、2、3……”，一边拍手打节奏，避免学生交叉走时步伐混乱	教师要让学生听清口令；禁止让学生奔跑，防止学生撞在一起；教师要提醒学生在走的时候不能只顾自己，也要注意来往的同学，学生之间要相互提醒	对不同阶段的学生要有不同的要求，低年级学生只需要进行一次十字交叉走即可，对于中、高年级，可以设计发生多次交叉的队形
	跑步走/立定	教师喊口令，学生在跑的过程中听到“立定”的口令要立马停下来，学生可以喊“1、2、3、4”并在原地跑几步，然后再立定	要注意区分动令和预令，起跑和立定的姿势要正确；听到“立定”的口号不能立马停下，要防止队伍混乱	要让学生进行起跑和立定的原地动作分解练习，然后再喊口号进行实际练习；提醒学生要听清口令
	花样跳绳	首先让学生原地复习速度跳绳，然后让学生进行花样跳绳的创编，可以单人进行，也可以分组合作	鼓励学生进行小组合作，发挥每个人的聪明才智	低年级可以只进行单摇的创编，中、高年级可以尝试双摇的创编
	队列	不仅是单纯的队列行走，而是通过“快快集合”的游戏让学生听到口令时快速站成整齐的一队，而且位置不能错	队列练习比较枯燥，那么就要通过游戏创编来激发学生的兴趣；要考虑到学生身高的不同，按身高来排队；学生一定要清楚自己在队列中所处的位置	要关注学生行走、站立时的姿势，提醒学生要昂首挺胸；关注学生身高的差异和变化
	单脚跳	进行单脚跳接力赛；也可以让两人牵手单脚跳，或两人及多人前后搭肩跳	培养学生的合作意识；不同年级单脚跳的规则要有所不同	高年级可以进行多人单脚跳比赛，听到发令后，集体向前跳
体操类	基本部位体操	首先进行单人练习，然后可以分组练习，两人一组或多人一组，可以自己创编动作	如果只是单纯做操，学生会感到枯燥乏味，可以让学生进行动作创编，从而提高学生的参与兴趣	首先要保证每个学生的基本部位体操动作是标准、到位的，并在此基础上进行创编
	韵律操	一套完整的韵律操，需要通过分解、组合、部分组合、完全组合、与音乐合拍五个阶段来完成教学活动	教师要分阶段完成教学；编排动作时要考虑小学生身心发展的特点和年龄差异，动作不能过于复杂	学生通过学习韵律操来形成正确的身体姿态，促进骨骼和肌肉的生长，培养自身的节奏感，发展协调性和灵活性

续表

类别	名称	教学内容	教学反思	教学建议
球类	投篮活动	不是普通的投篮，而是将手球与充气球相结合，可以让一个学生拿呼啦圈当篮筐，一个学生投篮，也可以让两个学生手拉手作为篮筐，让其他学生依次投篮	教师要讲清楚投篮的规则；以分组比赛的形式进行训练，避免学生犯规或发生冲撞	低年级学生可以进行简单的投接练习；中、高年级学生主要练习传球和接球
	篮球赛	简化正规篮球赛的规则，让两个学生手拉手作为篮筐，其他学生可以抱球跑步并进行投篮	规则的制定要符合小学生的身心发展水平；学生需要进行接球、传球的练习	比赛过程中容易出现投球和接球不连贯的现象，教师要适时提醒学生提高协作意识
	球类接力赛	低年级学生两人一组，一只手相牵，另一只手各自拿一个球放在地上向对面滚过去；中年级学生两人一组，面对面把球放在胸前，保证球不落地走到对面；高年级学生三人一组，面对面将球顶在头上，把球一起运到对面	要根据不同年级学生的接受能力和水平制定难易不同的规则；通过两人一组或三人一组练习，培养学生的团队合作意识	要讲清楚游戏规则，滚球或运球过程中，手不可以触到球；如果行进过程中球掉了，需要将球捡起来后返回起点再次传送

本校体育课堂打破了传统体育课堂单纯强调动作技能的机械化训练模式，将队列、球类运动、体操类运动等的练习设置在游戏当中，大大加强了体育课堂的趣味性，让学生在交流中学习、在游戏中学习、在合作中学习、在比赛中学习，这不仅提升了学生的身体素质，更增加了学生对体育运动的兴趣，让学生在玩中乐、在玩中练、在玩中学，将上体育课变成一种享受。

3. 为实现学生的健康生活，开发《自护自救》教材

学校体育课程为贴近学生的实际生活，特别加入了以交通安全和生存训练等为题材的专项教学内容，并将情景教学贯穿始终，让学生了解并掌握基本的与交通自护和生存自救、互救相关的知识、方法与技能。学校还通过创编生存自救口诀、定期开展躲灾避险演习，提高学生在紧急状态下的应变意识，提高学生应对突发事件的能力。郭琴老师颇具校本特色的“交通安全手势操”一课，将生活中的交通安全融入体育课堂教学中，在一系列的身体练习活动中，学生不仅有效发展了素质能力，懂得了相关的知识，还掌握了紧急情况下的应急方法与技能。

为了让学生在面临火灾、地震等突发状况时有更好的应对能力，本校每学期不定期举行全校安全疏散演习，并聘请湖北省公安武警消防总队的教官来指导演习。例如，在模拟火灾演习中，烟雾弹逼真地模拟了火灾效果，同学们在浓烟中快速、安全、有序地到达了安全地点。这样的演习极大地提高了学生自护自救的能力，同时也培养了学生的安全意识。

本校体育教师深知对学生健康教育意识和行为的培养要从小开始，从小对学生进行这方面的教育有助于学生一生的健康发展，因此本校的健康教育特别注重与学生体育活动和生活的联系，课堂呈现方法灵活多样，如借助专题讲授、课堂讨论、知识竞赛、参观学习、积极实践等方式来对学生进行健康教育，以便更好地实现课标中所提出的“各校应根据实际情况，充分利用雨雪等天气的上课时间，每学年保证开展一定课时数的健康教育内容教学”。

考虑到小学生本身并没有太多的生活经验，所以一定要选择小学生日常生活中可能会遇到的情景，这样才能让学生们有真切的感知和体会，也才能真正实现体育与健康课对学生身体健康的有益影响，让学生做到学以致用。附小体育教师协力开发、编写了《自护自救》教材，其中包含各种撞伤的处理方法、运动损伤及预防、扭伤及预防、流鼻血的原因及治疗、中暑的防治、心肺复苏法、防止溺水的安全知识、煤气中毒的紧急处理、低血糖急救指南、冻伤急救指南、烧伤急救指南等内容。《自护自救》教材部分教学内容见表 23。

表 23 《自护自救》教材部分教学内容

教学内容	教学目标	教学方法	教学评价	场地器材	安全提示
撞伤（头部、颈部、胸部、背部）	认清受伤部位，并能掌握处理方法	教师示范讲解，学生分组进行包扎动作的练习	认准部位，包扎到位	三角巾、纱布	包扎动作不宜过大，注意安全
运动损伤	运动损伤的成因、分类，以及如何预防，注意事项，一般的处理方法	教师讲解实际案例；播放生活中出现的危险场景和处理损伤的动画片，总结关键词；学生联系生活实际讲一讲自己所知道的处理方法；学生分组进行演练	联系生活实际	关键词卡片	演练中动作要轻巧
扭伤	了解扭伤的预防和处理，明白保护自己的重要性	教师运用实际案例讲解扭伤的成因，观看处理扭伤的视频，学生相互练习按摩手法	能够判断扭伤部位，知道如何处理	冰、水、绷带、红花油	要先观察受伤部位，然后选择处理方法
流鼻血	了解流鼻血的成因、处理方法	观看鼻子的构造挂图，观看处理视频，教师讲解流鼻血的原因和如何预防及处理	能够判断流鼻血的原因，并且能够及时处理	鼻子构造挂图、视频、卫生纸、棉球、冰、冷水、毛巾	卫生纸和棉球的大小要适中
中暑	了解中暑的临床表现及易患人群，如何预防，紧急处理办法和食疗方法	教师联系生活实际讲解中暑的危害，播放生活中人中暑的场景，学生总结如何进行预防和急救	联系生活实际	关键词卡片、食谱/食材卡片	不要模仿中暑倒地者，避免摔跤
心肺复苏	能够运用正确的手法按压正确的部位，了解按压的频率和深度，同时要教会家人	观看胸外按压视频，学生总结手法要点，学生两人一组通过相互按压进行练习	找准部位，手法要正确，能够掌握动作要领和完整的步骤	胸外按压图	按压力度要适中
防溺水	了解溺水症状，学会预防溺水和进行急救的方法，了解游泳时的注意事项	教师运用实际案例讲解溺水的危害，播放溺水的视频和溺水急救处理视频，先由学生尝试总结预防和处理方法，再由教师总结，最后由学生进行分组练习	联系生活实际	关键词卡片	练习中动作要轻巧，禁止在没有大人陪伴时玩水

续表

教学内容	教学目标	教学方法	教学评价	场地器材	安全提示
煤气中毒	预防煤气中毒，掌握安全使用煤气的方法、煤气泄漏时的紧急处理方法	课前学生上网查找资料，课上先观看视频，然后学生交流搜集的安全使用煤气的方法和煤气泄漏时的紧急处理方法	课下是否积极搜集资料，是否能够掌握煤气的正确使用方法和煤气泄漏时的处理方法	视频	禁止在家玩煤气
低血糖	了解低血糖的分类、临床表现，以及如何预防，掌握低血糖应急处理知识	课前学生上网查找资料，课上观看与低血糖症状有关的视频，学生讨论交流如何预防低血糖和怎样进行应急处理	课前是否积极搜集资料，能否掌握正确的预防和应急处理方法	食物金字塔图示	按时吃早餐，科学搭配膳食
冻伤	了解如何预防和处理冻伤	观看冻伤的视频，学生分组讨论冻伤的预防和处理方法	是否能说出冻伤的预防和处理方法	图示和处理流程图	要注意保暖和避免交叉感染
烧伤	掌握烧伤的类型和相应的处理方法	观看烧伤的图片和视频，小组讨论图片和视频中的烧伤分别属于哪种烧伤类型，教师讲解处理方法	能够将烧伤类型和处理方法相对应	图示和视频	不要玩火

通过对本校体育组自编教材的分析可以看出，附小体育教师们对于自护自救的内容是经过筛选的，选择的都是和小学生实际生活密切相关的内容，以及生活中会经常遇到的情况，这样学生学起来才有兴趣，进而将这些技能运用到实际生活中去。教材图文并茂，而且还有急救动作的讲解示范图。教学中还利用多媒体设备，播放视频进行讲解，让学生有更为直观的感受和体验。而且在自护自救的课堂上，学生有很多自己动手的机会，学生需要在课前做好相关准备工作，查阅资料，课堂上和同学、教师一起分享成果，课上教师会经常运用多媒体设备进行演示和讲解。这不仅是对信息技术资源的开发与利用，让学生可以多渠道获取相关信息，也让师生之间、生生之间能够有良好的沟通与交流，从而创设更加和谐的课堂氛围。

4. 拓展体育课堂空间，开发《小学体育室内课教材》

室外体育课需要天气、环境等非人为因素的配合，本校体育组的教师们考虑到武汉春季有长期的梅雨天气，雨水天气会对室外体育课造成很大的影响，为了不让学生们因为天气问题而缺少对身体素质的训练，本校体育组教师齐心开发了《小学体育室内课教材》，这可以说是将体育课带入教室的典范。该教材的主要内容有 50 米快速跑、跳跃、跪跳起、排球正面双手垫球、韵律体操、仰卧起坐、双手向前投掷实心球等。

[课例一]50 米快速跑

50 米快速跑是小学五、六年级体育课的重点内容。在课堂教学中，教师发现不少学生的摆臂姿势和大腿高抬方面存在很多问题，这影响了学生快速跑的能力，想要让学生认识和改正已经形成的习惯动作，如果按正常的教学方式进行练习，学生会感觉枯燥，特别是在下雨天，很难达到理想的效果。在本课程中，教师运用视频和游戏进行教学，在室内开展频繁的摆臂练习和高抬腿练习，使学生更直观、充分地在活动中掌握快速跑的摆臂技术，从而提高身体素质。“50米快速跑”课时计划表如表24所示。

表24 “50米快速跑”课时计划表

授课教师：李光华　　　　水平三（五年级）

<table>
<tr><td>教学目标</td><td colspan="2">①通过快速跑的摆臂姿势教学，让学生正确认识到摆臂动作在50米快速跑中的重要性，通过各种方式的练习让学生掌握正确的摆臂姿势
②发展学生上肢及全身协调用力的能力
③培养学生积极向上、坚持不懈的态度，以及良好的合作精神</td><td>教学内容</td><td>①50米快速跑：正确的摆臂姿势
②游戏：快速接力</td></tr>
<tr><td>课序</td><td>时间</td><td>内容要点</td><td colspan="2">实施过程及提示</td></tr>
<tr><td>一</td><td>8分钟</td><td>1.课堂常规
①体委报告人数
②教师宣布本课内容：50米快速跑正确的摆臂姿势
③开展热身活动：自制器材操</td><td colspan="2">①师生问好，教师介绍本课学习内容
②健身操：1～5节（听音乐跟老师一起跳），跳健身操要注意跟上节奏，注意安全</td></tr>
<tr><td rowspan="2">二</td><td rowspan="2">25分钟</td><td>2.50米快速跑：正确的摆臂姿势
①重点：大臂带动小臂
②难点：保证动作连贯、协调</td><td colspan="2">①教师播放视频，让学生了解50米快速跑正确的摆臂姿势
②2人一组进行上肢力量练习（用皮筋辅助做动作）
③小组原地进行摆臂练习（借助自制小器材辅助做动作）
④听音乐进行摆臂练习
⑤小组之间进行摆臂练习比赛（一组出题，一组做）
⑥原地进行摆臂小跑练习
⑦选择优生进行示范表演，师生对其进行评价，教师带领学生练习</td></tr>
<tr><td>3.游戏：快速接力
①方法：学生自由分成小组，并站在原地，由第一位学生开始依次传接力棒，最先传完的小组获胜
②规则：学生不能转身，或者丢棒；必须依次传递</td><td colspan="2">①教师讲解游戏方法和规则
②学生分组进行游戏
③比赛：比谁的分多</td></tr>
<tr><td>三</td><td>7分钟</td><td>4.放松游戏：大家一起来奏乐
要求：动作舒展、优美</td><td colspan="2">①听音乐，学生集体跟随节奏摇出节拍
②师生交流并做小结，教师宣布下课</td></tr>
<tr><td colspan="2">主要器材准备</td><td>①自制小器材：沙瓶（80个）
②小皮筋（40根）</td><td colspan="2">①预计练习密度：40%～43%
②预计运动强度：中等</td></tr>
</table>

[课例二]跳跃

在《义务教育体育与健康课程标准(2011 年版)》中的运动技能方面,对水平一的学生有如下要求:做出基本身体活动动作,如在体育游戏中完成多种形式的走、跑、跳等动作。郭琴老师就在一年级的课堂上选择了各种跳跃方式作为主要教学内容,希望既能发展学生的下肢力量,提升学生做动作的灵敏性、协调性,还能为学生学习蹲踞式跳远打下良好的基础。"跳跃"课时计划表如表 25 所示。

表 25 "跳跃"课时计划表

授课教师:郭琴　　水平一(一年级)

教学目标	室内跳跃游戏可让学生体验各种方式的跳跃动作,并了解屈膝缓冲、轻巧落地的方法。锻炼学生下肢力量,提升学生的跳跃能力和做动作的灵敏性。教师在教学中要为学生提示动作要求,利用师生之间、生生之间的评价,促使学生努力完成学习任务。为学生以后学习难度更高的跳跃动作打下基础	教学内容	①跳跃:各种方式的跳跃 ②游戏:击鼓传花	
课序	时间	内容要点	实施过程及提示	
一	8 分钟	1. 课堂常规 2. 热身游戏:木头人 要求:遵守游戏规则	①师生问好 ②教师带领学生做热身游戏 提示:集中注意力	
二	18 分钟	3. 跳跃:各种方式的跳跃 ①动作要领:屈膝缓冲,连续跳跃,轻巧落地 ②重点:原地跳跃,前脚掌落地 ③难点:轻巧落地 ④要求:努力完成动作	①教师出示视频,学生观察不同跳跃方式的共同点 ②观看视频,教师讲解各种跳跃方式的动作要领 ③学生在教师启发下模仿各种小动物的跳跃 ④请学生示范怎样做到轻巧落地 ⑤学生集体练习各种方式的跳跃 ⑥学生展示 ⑦教师评价	
	12 分钟	4. 游戏:击鼓传花 要求:遵守规则,注意安全	①教师讲解游戏方法 ②组织学生进行练习 ③组织学生进行比赛 提示:动作迅速、讲诚信	
三	2 分钟	5. 小结	①教师对本节课进行小结 ②教师布置课后练习内容	
主要器材准备	波波球(4 个)	场地设计补充或预计出现的问题及处理方法	教师在启发学生模仿各种小动物跳跃时,可能有少数学生不知道做什么动作,这时可将学生分成小组进行互相启发和帮助	①预计练习密度:40%~45% ②预计运动强度:中等

[课例三]跪跳起

跪跳起动作能够较好地增强学生的腰腹力量,该动作对学生的协调性有一定的要求。通过对以往教学情况的观察,皮汉军老师在动作技术上突出了摆、压、提、收这四个基本动作要点,力求使学生能够掌握跪跳起的动作要领,发展上、下肢及腰腹力量,从而提升身体的协调性、灵敏性。"跪跳起"课时计划表如表 26 所示。

表 26 “跪跳起”课时计划表

授课教师:皮汉军　　　　水平二(四年级)

<table>
<tr><td colspan="2">教学目标</td><td colspan="2">让学生初步知道跪跳起的动作要领,让学生掌握摆臂制动及压小腿动作,发展学生的腰腹力量,以及手、脚协调配合的能力。培养学生团结互助、积极进取、勇于克服困难的优良品质</td><td>教学内容</td><td>①跪跳起
②游戏:夹垫接力</td></tr>
<tr><td>课序</td><td>时间</td><td colspan="2">内容要点</td><td colspan="2">实施过程及提示</td></tr>
<tr><td>一</td><td>8 分钟</td><td colspan="2">1. 课堂常规
2. 绸带操
要求:跟随音乐节奏,动作到位</td><td colspan="2">①师生问好
②教师带领学生做绸带操
提示:保持安全距离</td></tr>
<tr><td rowspan="2">二</td><td>18 分钟</td><td colspan="2">3. 跪跳起
①动作要领:摆臂制动与压小腿、提腰、收腹协调配合,重心提高,用力跃起
②重点:摆臂制动、压小腿
③难点:压垫与摆臂协调配合
④口诀:脚背压垫成跪立,两臂摆动跪跳起</td><td colspan="2">①教师出示视频,学生观看跪跳起完整动作
②学生观看视频,教师讲解跪跳起的动作要领
③游戏:高人、矮人
④学生练习双手挥、抛彩带
⑤学生两人一组进行挥臂、压小腿抽插纸片练习
⑥学生展示
⑦教师评价</td></tr>
<tr><td>12 分钟</td><td colspan="2">4. 游戏:夹垫接力
①要求:遵守规则,注意安全
②提示:从后向前传,传完后才可将腿放下</td><td colspan="2">①教师讲解游戏方法
②组织学生进行练习
③组织学生进行比赛</td></tr>
<tr><td>三</td><td>2 分钟</td><td colspan="2">5. 小结</td><td colspan="2">①教师对本节课情况进行小结
②教师布置课后练习内容</td></tr>
<tr><td colspan="2">主要器材准备</td><td>①彩带(若干)
②小体操垫(20 个)
③纸片(若干)</td><td>场地设计补充或预计出现的问题及处理方法</td><td>学生要保持与同学、桌椅间的安全距离</td><td>①预计练习密度:35%～40%
②预计运动强度:中等</td></tr>
</table>

[课例四]排球正面双手垫球

在排球垫球的课堂教学中,教师要让学生在游戏练习中自主发现自抛、自垫球的有效方法,使教学更加生动、有趣,从而促进学生肌肉、关节、韧带的发展。“排球正面双手垫球”课时计划表如表 27 所示。

表 27 “排球正面双手垫球”课时计划表

授课教师:万露　　　　水平二(四年级)

<table>
<tr><td>教学目标</td><td colspan="2">学习排球正面双手垫球动作,初步掌握插、夹、抬的动作要领。提升学生身体的协调性、灵敏性
通过游戏教学,增强学生的下肢力量,让学生体会到游戏带来的快乐</td><td>教学内容</td><td>①排球正面双手垫球
②游戏:打地鼠</td></tr>
<tr><td>课序</td><td>时间</td><td>内容要点</td><td colspan="2">实施过程及提示</td></tr>
<tr><td>一</td><td>6 分钟</td><td>1. 课堂常规
2. 热身游戏:室内操
要求:动作标准,节奏感强</td><td colspan="2">①集合站队、检查服装、师生问好
提示:快、静、齐
②学生跟着视频进行室内操练习</td></tr>
</table>

续表

二	24分钟	3. 排球正面双手垫球 ①教学重点：击球部位 ②教学难点：插、夹、抬动作的协调 ③口诀：屈膝抱拳迎来球，含胸收腹臂夹紧，前伸压腕球下插，蹬腿跟腰肩放松 提示：注意安全，保持间距	①观看与排球相关的图片与视频，让学生对动作有初步的认识。教师请学生对观看到的技术动作进行描述 ②教师讲解垫球手型与动作方法并做示范，让学生观看视频并进行模仿练习 ③学生徒手练习插、夹、抬的动作，体会动作的用力顺序 ④2人一组垫固定球。一人持球放于胸前，另一人做垫球的动作，把握击球点和击球部位 ⑤学生边念口诀边练习技术动作，教师观察 ⑥2人一组进行一抛一垫练习，教师巡视观察并给予指导 ⑦请优生展示，教师进行评价，学生再进行练习 ⑧进行自垫练习，一人垫球，一人观察 ⑨开展垫球比赛，比比谁最棒 ⑩教师小结
	8分钟	4. 游戏：打地鼠 要求：遵守规则，注意安全	①教师讲解游戏的方法与规则，并请一组学生进行示范 ②学生熟悉游戏方法并开始练习 ③组织学生进行比赛 ④宣布比赛结果，教师讲评
三	2分钟	5. 调整放松：拉伸性放松练习 要求：尽力舒展、保持持续拉伸	①教师引导学生进行放松练习 ②教师总结本次课的情况并宣布下课
主要器材准备		小健身球 （20个）	①预计练习密度：32%～35% ②预计运动强度：中等

［课例五］韵律体操

低年级主要以韵律体操的基本步法和手型为主，主要分为进退步、滑步、点步、蹦跳步等。教师要结合场地、音乐等来授课，让学生集体模仿老师的动作，再进行分组练习，学生之间相互观摩练习，最后随音乐作出连贯动作。“韵律体操”课时计划表如表28所示。

表28 “韵律体操”课时计划表

授课教师：卫健　　　水平一（二年级）

教学目标		全面锻炼学生的身体，让学生的动作协调，具有韵律感、节奏感，培养学生优美的身体姿态，让学生具有欣赏音乐和鉴赏美的能力，丰富学生的课余文化生活	教学内容	基本舞步：进退步、滑步、点步、蹦跳步
课序	时间	内容要点	实施过程及提示	
一	8分钟	1. 教师讲解室内课的重要性 2. 小游戏：看谁反应快	①教师讲解方法 ②教师和一组学生示范一次 ③组织学生练习 ④评比谁的反应快	

续表

二	18分钟	3.韵律体操 要求:掌握基本步伐的动作节奏和移动位置,感受舞蹈带来的快乐	①学习进退步、滑步、点步、蹦跳步 ②教师把各动作以分解的方式教给学生,学生进行模仿练习 ③把各种步型连贯起来 ④在音乐的伴奏下把各个动作连贯起来练习 ⑤学生可以结合音乐自己创编不同的动作,发挥自己的优势
	12分钟	4.游戏:传口令	①教师讲解方法 ②由教师把口令讲述给第一个人,然后依次传递下去 ③每次游戏结束后评分
三	2分钟	5.放松,下课 教师播放一段轻音乐,让学生随音乐翩翩起舞	教师也随着音乐做放松练习
主要器材准备		录音机	①预计练习密度:30%~35% ②预计运动强度:中等

[课例六]仰卧起坐

仰卧起坐是三年级学生刚接触的内容。由于学生的腰腹力量相对较差,因此可通过"仰卧举腿"来进行教学,可以用教室现有的桌子作为教学器材,使学生在活动中掌握简单练习腹肌的正确方法,形成良好的身体形态,从而提高学生的腰腹力量及身体协调性。"仰卧起坐"课时计划表如表29所示。

表29 "仰卧起坐"课时计划表

授课教师:谢永龙　　水平二(三年级)

教学目标	①学习仰卧举腿的动作要领,让学生掌握内腿伸直并拢、快速上举、缓慢下落的动作要领 ②提高学生的身体协调性及腰腹力量 ③培养学生坚强的意志品质	教学内容	①仰卧起坐:仰卧举腿 ②游戏:看谁反应快
课序	时间	内容要点	实施过程及提示
一	7分钟	1.课堂常规 2.队列练习:报数 要求:精神饱满、声音洪亮 3.徒手操 要求:动作到位、有力	①教师讲解 ②教师口令指挥 ③学生听口令练习 ④教师讲解徒手操的动作要领并领做 ⑤学生按要求模仿练习

续表

二	20分钟	4. 仰卧起坐:仰卧举腿 ①重难点:快起慢落 ②要求:两腿伸直并拢,学习时注意相互观察,进行自我纠错	①辅助练习:空蹬自行车 ②做仰卧两腿交替上举练习;做仰卧两腿同时上举练习 ③教师讲解仰卧举腿的动作要领,并播放视频,教师亲自示范 ④优生展示,教师讲评 ⑤分组进行定时仰卧两腿上举比赛 ⑥教师宣布比赛名次
	10分钟	5. 游戏:看谁反应快 要求:遵守游戏规则,注意安全	①教师讲解游戏的方法与规则,并做示范 ②学生按要求体验游戏,相互挑战 ③教师巡视辅导
三	3分钟	6. 放松,总结,下课 要求:充分放松	①教师讲解要求,播放音乐并领做 ②学生听音乐模仿,身体放松
主要器材准备		无	①预计练习密度:35%~40% ②预计运动强度:中等

[课例七]双手向前投掷实心球

投掷活动对锻炼学生的上肢、腰腹力量,提高学生身体的协调性和灵敏性等具有十分重要的作用。希望利用这节课让学生知道出手速度、出手角度的重要性及全身要协调用力的投掷要点,并能运用于实践中,让学生在实际的体验中反复思考和探究。在教学过程中,学生要能够初步明白出手角度是决定投掷成绩的主要因素之一,并学会用合适的角度投掷实心球,以及能够用语言描述投掷的技术动作,逐渐增强上肢、腰腹力量,体验全身协调用力的感觉,从而不断提高投掷能力。"双手向前投掷实心球"课时计划表如表30所示。

表30 "双手向前投掷实心球"课时计划表

授课教师:汪光明　　　水平二(四年级)

教学目标	①让学生通过观看视频初步知道出手角度是决定投掷成绩的主要因素之一 ②初步掌握投掷实心球的动作要领,提高投掷能力,活动时注意安全 ③培养学生积极的态度和参与意识,以及良好的合作精神及进取意识	教学内容	①投掷:实心球掷远 ②游戏:传球接力;口诀接龙

课序	时间	内容要点	实施过程及提示
一	8分钟	1. 课堂常规 ①教师宣布本节课内容:双手向前投掷实心球 ②热身活动:皮筋操	①师生问好,教师介绍本节课的学习内容 ②教师提出本节课的教学目标,以及课堂纪律、安全等方面的要求 ③皮筋操:1~9节 要求:注意安全,跳操要整齐、有节奏 教师在音乐的配合下示范一遍 教师使用口令指挥,学生跟着教师练习一遍 师生在音乐的配合下练习第二遍

二	18 分钟	2. 双手向前投掷实心球 ①重点：出手角度 ②难点：动作连贯、用力协调		①游戏：传球接力 提示：练习转腰，背要呈反弓型 ②教师提问：怎么样才能将实心球投远呢？ ③结合视频，教师归纳影响实心球投远的因素，引入本课重点，即出手角度是决定投掷成绩的主要因素之一 ④教师用两手臂直观演示 45°左右角 ⑤学生徒手练习实心球掷远角度 ⑥教师结合图解和动作口诀引导学生练习 ⑦学生 2 人一组，持球互换角度练习（使用波波球代替） ⑧优生示范表演，教师评价并带领学生练习 ⑨学生分组对准羽毛球网练习投掷（使用波波球代替） 提示：注意安全
二	12 分钟	3. 游戏：口诀接龙 ①方法：每位同学各背一句投掷实心球的口诀并做相应的动作，学生按照座位顺序依次进行口诀和动作接龙 ②要求：遵守规则、反应迅速、动作灵活		学生扶桌练习斜身立卧撑（男生 8 次，女生 5 次）两次 ①教师讲解游戏方法和规则 ②分组进行两次游戏 ③开展比赛，教师做出评价
三	2 分钟	4. 放松游戏：手位球操 要求：动作舒展、优美		①听音乐，师生集体练习手位球操 ②教师小结，宣布下课
主要器材准备		①皮筋（41 根） ②羽毛球拍（2 副） ③波波球（41 个）	场地设计补充或预计出现的问题及处理方法	关注学生的安全意识。充分考虑学生的运动量，考虑新颖教具的辅助作用	①预计练习密度：40%～45% ②预计运动强度：中等

四、体育课程校本化开发实施成果

1. 增强学生体质，为学生未来发展保驾护航

健康的身体、良好的体魄是一个人发展的前提和基础，学校设置体育课程的初衷就是希望学生通过运动锻炼来不断增强自身体质。学生在各项体育竞赛中取得的成绩就是身体素质是否得到提升的最直观反映，在 2012—2014 年间，课题组在华科附小进行了为期 3 年的数据采集及分析，纵向比较了这 3 年内通过趣味田径的校本化实施，附小学生在跑、跳、投等基本体育技能素养方面有怎样的变化（见表 31）。除了在华科附小进行调研，课题组还深入到某其他小学进行考察，希望通过横向比较来看一看趣味田径的校本化实施到底有没有达到预期的效果（见表 32）。

表 31　2012—2014 年华中科技大学附属小学课堂体育成绩对照表

年份＼成绩＼年级		一年级	二年级	三年级	四年级	五年级	六年级
2012	男	1.25	1.40	9.15	9.10	9.01	8.52
	女	1.24	1.36	9.20	9.15	9.10	9.00
2013	男	1.26	1.43	9.10	9.08	9.00	8.50
	女	1.25	1.38	9.18	9.12	9.08	8.95
2014	男	1.28	1.46	9.08	9.04	8.95	8.40
	女	1.26	1.41	9.15	9.10	9.04	8.85

注:① 一、二年级对照项目是立定跳远,成绩单位为米;② 三至六年级对照项目是 50 米跑,成绩单位为秒。

表 32　2014 年某小学课堂体育成绩表

年份＼成绩＼年级		一年级	二年级	三年级	四年级	五年级	六年级
2014	男	1.23	1.38	9.80	9.60	9.40	9.00
	女	1.24	1.35	9.50	9.80	9.50	9.70

注:① 一、二年级对照项目是立定跳远,成绩单位为米;② 三至六年级对照项目是 50 米跑,成绩单位为秒。

通过以上分析可以看出,2012—2014 年,华科附小学生的课堂体育成绩在不断提高;而实验对照学校的学生在一、二年级的立定跳远项目上和华科附小的学生有所差距,但差距并不是很大。而对于中、高年级的 50 米跑项目,华科附小学生的成绩要比对照学校学生的成绩好,且两者差距十分明显。由此可见,通过趣味田径的校本化实施,华科附小学生的基本体育素质有着极大的进步,学生每年的成绩都比上一年的要好。与实验对照学校相比,华科附小学生的体育成绩具有明显的优势,可见趣味田径课程的开发与实施卓有成效。

除此之外,课题组教师还汇总了 2012—2015 年华科附小田径队和足球队参加洪山区田径比赛的成绩,具体如表 33 所示。

表 33　2012—2015 年华科附小团体项目成绩统计表

年　　份	田径队名次	足球队名次
2012	团体总分第二名	未参加
2013	团体总分第三名	第一名
2014	团体总分第三名	第一名
2015	团体总分第二名	第一名

由表 33 可知,华科附小田径队团体总分连续 4 年在洪山区体育竞赛中保持前三甲,足球队连续 3 年在区联赛中获得“光谷杯”冠军。在 2015 年区田径运动会上,总计 12 个项目中本校学生夺得了 8 项冠军。而这些和平日学生在趣味田径课上的训练是密不可分的。

除了校外比赛,对于每年在华科附小本校举办的运动会,学生们也都积极参加,课题组教师总结了 2012—2014 年附小校运会上各项田径项目的成绩表,具体如表 34 至表 40 所示。

表 34　2012—2014 年华科附小校运会三跳比赛跳短绳各年级成绩统计表

年级 成绩(个) 年份	一年级	二年级	三年级	四年级（双摇跳）	五年级（双摇跳）	六年级（双摇跳）
2012	99.80	111.20	123.05	8.03	8.00	29.10
2013	100.88	120.50	123.98	11.56	14.50	29.80
2014	114.80	137.59	124.30	13.87	15.25	30.55

表 35　2012—2014 年华科附小校运会三跳比赛跳长绳各年级成绩统计表

年级 成绩(个) 年份	四年级	五年级	六年级
2012	223.0	218.0	274.0
2013	235.0	243.6	277.3
2014	243.7	260.0	283.5

表 36　2012—2014 年华科附小校运会 50 米跑比赛各年级成绩统计表

年级 成绩 年份	三年级		四年级		五年级		六年级	
	男	女	男	女	男	女	男	女
2012	8″50	8″40	8″44	8″48	8″39	8″35	7″88	7″74
2013	8″40	8″40	8″24	8″38	8″29	8″24	7″58	7″54
2014	8″32	8″36	8″14	8″26	8″20	8″14	7″45	7″34

表 37　2012—2014 年华科附小校运会 200 米跑比赛各年级成绩统计表

年级 成绩 年份	三年级		四年级		五年级		六年级	
	男	女	男	女	男	女	男	女
2012	37″64	37″97	36″82	37″90	35″73	36″70	33″29	34″07
2013	37″15	35″70	34″85	35″93	34″73	35″70	32″09	32″87
2014	36″85	34″65	33″68	34″90	33″00	33″42	31″00	32″07

表 38　2012—2014 年华科附小校运会 400 米跑比赛各年级成绩统计表

年级 成绩 年份	三年级		四年级		五年级		六年级	
	男	女	男	女	男	女	男	女
2012	1′27″52	1′31″59	1′23″50	1′22″64	1′21″25	1′22″54	1′16″45	1′18″00
2013	1′25″52	1′26″84	1′21″00	1′20″62	1′18″38	1′20″89	1′14″45	1′17″00
2014	1′24″85	1′25″76	1′20″66	1′20″10	1′17″15	1′18″83	1′13″22	1′15″29

表 39　2012—2014 年华科附小校运会跳远比赛各年级成绩统计表

成绩（米）/年级/年份	三年级（立定跳远）		四年级（立定跳远）		五年级（蹲踞跳远）		六年级（蹲踞跳远）	
	男	女	男	女	男	女	男	女
2012	1.90	1.80	1.96	1.95	3.62	3.08	3.84	3.54
2013	1.95	1.82	1.99	1.99	3.70	3.15	3.95	3.60
2014	1.98	1.97	2.02	2.00	3.82	3.33	4.09	3.72

表 40　2012—2014 年华科附小校运会投掷比赛各年级成绩统计表

成绩（米）/年级/年份	三年级（实心球）		四年级（垒球）		五年级（垒球）		六年级（实心球）	
	男	女	男	女	男	女	男	女
2012	6.68	6.00	26.50	15.90	22.60	19.60	10.20	7.99
2013	7.44	6.55	28.20	16.80	30.00	19.00	10.80	8.05
2014	8.22	6.95	29.50	17.88	35.20	22.60	12.50	9.05

通过以上成绩表可以看出，学生们在运动会田径项目上都有着不俗的表现，这些成绩也是对平日体育课堂上学习成果的展示，可见附小趣味田径教学真正做到了让学生对田径项目感兴趣，让学生在课堂中"学会"、"学好"。华科附小《国家学生体质健康测试》成绩统计表如表 41 所示。

表 41　2012—2014 年华科附小《国家学生体质健康测试》成绩统计表

年份	实测人数（人）	不及格人数（人）	不及格率（%）	及格分段人数（人）	及格分段人数比率（%）	良好分段人数（人）	良好分段人数比率（%）	优秀分段人数（人）	优秀率（%）	及格率（%）
2012	1725	254	14.7	722	41.9	669	38.8	80	4.6	85.3
2013	1843	245	13.3	744	40.4	740	40.2	114	6.2	86.7
2014	1786	33	1.8	785	44.0	691	38.7	277	15.5	98.2

由表 41 可以看出，2012 年至 2014 年，在田径基本动作技能的考察中，不及格人数逐年递减，特别是 2014 年，不及格人数明显变少。而及格人数逐年增加，优秀人数逐年明显增加，及格率逐年明显增加，这都是平日体育课堂教学的成果。

华科附小的学生在各项竞赛、测试中的成绩的不断提升很好地表明了华科附小体育课程真正实现了提高学生身体素质的目标，学校将学生的"健康第一"落到了实处。

2. 激发学生的参与热情，为学生实现终身运动奠定基础

兴趣是最好的老师，只有激发学生进行体育锻炼的热情，让学生真正地爱上体育，才有可能实现体育锻炼的终身化。体育课题组的教师向学生分发了趣味田径教学满意度调查问卷，希望通过问卷调查来看看学生是否真的喜欢进行田径运动，以及是否对趣味田径课程满意，具体统计结果如表 42 所示。

表 42　趣味田径教学满意度调查统计表

百分比/年级/兴趣程度	一年级	二年级	三年级	四年级	五年级	六年级
很喜欢	96%	94%	95%	96%	90%	89%
较喜欢	2%	4%	3%	2%	6%	6%
一般	2%	2%	2%	2%	4%	5%

通过对调查问卷的结果进行分析，可以看出，学生对趣味田径课堂教学满意度还是很高的，这说明趣味田径教学真正让学生喜欢上了田径运动，激发了孩子们对田径项目的兴趣，让学生能以良好的心态投入到课堂活动中去。

3. 提高学生健康意识，为学生实现健康生活提供保障

体育与健康课的目标不仅仅是让学生学会运动技能，积极参与体育锻炼，还要让学生学会如何健康地生活，并懂得一些关于身心健康的基本知识。平日里附小体育组教师为了有针对性地开展教学，真正让学生学到对日常生活有用的健康卫生知识，并且让学生学以致用，设计了针对中、高年级学生的体育与卫生知识掌握情况调查问卷。根据调查结果可基本掌握学生在日常生活中的体育与卫生状况，从而提高教学效率。具体统计结果如表 43 所示。

表 43　体育与卫生知识掌握情况调查统计结果

年级 / 已掌握人数占全年级总人数百分比 / 项目	三年级	四年级	五年级	六年级
卫生保健	93%	95%	96%	97%
食品安全	94%	95%	97%	98%
意外伤害的预防与处理	90%	94%	95%	97%
体育基本常识	90%	92%	94%	96%

通过对问卷的结果进行分析可知，高年级学生对卫生保健、食品安全、意外伤害的预防与处理、体育基本常识方面有了很好的把握，而对于三、四年级的学生，教师还需要进一步加强教学，特别是对于三年级的意外伤害的预防与处理以及体育基本常识的教学。附小体育教师要加强对中年级学生自护自救方面知识的教学，以防学生在日常学习生活中受到意外伤害，还要进一步加强对卫生保健和食品安全的宣传与教育，让学生在生活中能有正确的卫生观念，养成健康良好的饮食生活习惯，这些也都是健康生活的重要组成部分。

五、结语

2012—2014 年，通过三年的课堂实践、学生群体活动、课余训练与竞赛实验研究，华中科技大学附属小学国家体育课程的校本化实施取得了不俗的成绩。最直观的表现就是附小学生体测的及格率、良好率、优秀率都有了很大提升。体能的高低是衡量一个人身体是否健康的首要标志，体测成绩很好地反应了学生在体能方面的进步和身体素质的增强。学生们在体育课上不仅能够得到锻炼，更能学习到系统的体育学科知识和运动技能要领，包括跑、跳、投等田径运动知识，以及日常生活中涉及的健康安全常识。体育国家课程的校本化实施符合华科附小学生的特点，学校根据学生的个体差异来安排教学，让学生乐在其中，让学生更愿意参与到体育锻炼中来。课堂内外的体育思想的渗透让学生在潜移默化和耳濡目染中爱上体育、爱上运动。附小体育教师通过对课堂情境的创设、对教学方式的丰富化和趣味化，让学生在游戏中展示自我、挑战自我。学生之间通力合作，共同克服困难可以培养学生的团队合作意识，让学生们在体育活动中提高抗压和抗挫折的能力。

附小的教师们、领导们深刻认识到体育作为学校教育的重要组成部分，担负着提高学生身体素养、增强学生体质等多方面的重任。附小的体育与健康课程在未来发展中，依然会坚定不移地贯彻执行“健康第一”的指导思想，根据学生的实际健康水平和身体状况，关注学生的个体差异，有针对性地运用不同的教学手段，为学生的体育活动创造条件，提高学生参与体育活动的积极性，使学校追求的让学生全面发展、健康成长以及身心和谐发展的目标落到实处。

小学音乐国家课程的校本化开发与实施

华中科技大学附属小学　刘玉琦

【摘要】 华中科技大学附属小学对音乐课程的研究包括国家课程校本化实施和校本课程开发两个方面，国家课程校本化实施主要研究如何将奥尔夫教学法与国家教材相融合，创建奥尔夫多声部合作活动的教学模式，并关注学生的音乐审美体验，培养学生的创造能力与合作能力；校本课程开发主要研究 MAX 音乐节、“快乐周末”系列选修课、音乐社团的开展，学生可以自主选择项目学习，以此促进学生的个性发展，从而提高学生的整体音乐素养，让学生做最好的自己。

【关键词】 审美体验；奥尔夫；创造合作

2012 年 12 月，华中科技大学附属小学承接了湖北省教育科学“十二五”规划课题“个性化课程多元理解与整体开发研究”的研究工作。其中，音乐组承接了子课题“音乐国家课程校本化实施”的教学研究工作。

在 2012 年 12 月至 2015 年 10 月这将近三年的时间里，音乐组的教师们积极整合开发音乐课程资源，努力构建符合本校特色的音乐课程体系，开发了 MAX 音乐节、音乐选修活动课程等，并在课程内容、教材内容、教学方法、学科综合等方面做了较大的改进，创建了以多声部合作活动为中心的音乐课堂，尝试将国际上先进的奥尔夫教学理念、教学方式运用到课堂实践中，丰富教材内容，拓展音乐教学视野。

为了使研究更加有针对性、时效性，音乐组的教师们根据不同年龄段学生的心理特点，汇编了国家音乐教材《音乐活动吧》(一至六年级上、下册)和教学课例文本集《多声部合作活动精品课例》。教师对国家音乐教材的知识结构进行了整理与归纳，并完成了《国家课程音乐教材十二册知识结构文本集》。为了更好地实现音乐教育、教学资源的共享，音乐组的教师们还录制了多声部合作活动的微课视频，以此来高效落实国家丨二册音乐教材中的音乐知识要点。

一、附小音乐课程实施理念

（一）依据课程标准要求，多元理解国家音乐课程

2011 年教育部颁布的《义务教育音乐课程标准(2011 年版)》指出，音乐“是人类通过有组织的音响实现思想和感情的表现与交流必不可少的听觉艺术”。音乐蕴含着丰富的文化和历史内涵，其以独特的艺术魅力伴随着人类历史的发展，满足人们的精神文化需求。对音乐的感悟、表现和创造是人类的一种基本素质和能力。

华科附小在对音乐课程进行校本化开发的过程中，贯彻“鼓励音乐创造、增强创新意识”的理念，通过对国家课程的多元化理解和个性化开发，强化本校音乐课程的特色，为促进学生个性发展奠定基础。国家音乐课程校本化的过程从本质上来说，就是对国家课程的丰富、深化和个性化，体现了共性与个性、统一性与地方性的有机结合。

（二）继承华科附小教育文化，促进学生个性发展

华中科技大学附属小学以“给孩子完美的童年，让师生完满地成长”为办学理念，提出了“以人为本，科学导航，和谐发展，快乐成长”的办学思想，并制定了“把附小办成一所面向未来，有科学涵养和人文关怀的现代化学校”的办学目标。本着“以人为本”的办学思想，音乐组的教师尤其注意“以学生的成长为本，以教师的发展为本，以家长的需求为本”。因而在进行音乐课程校本化开发的过程中，附小努力将学生、教师、校内外活动与资源、地方音乐特色等更好地融入音乐课程，为学生提供更加完善丰富的音乐课程体系，以满足不同学生个性化、多元化的发展需求，促进音乐学科素质教育的全面推进和音乐课程特色的形成。

（三）提供审美体验，陶冶学生情操

音乐课作为义务教育阶段的一门必修课，不仅是学校实施美育的主要途径，也是挖掘学生潜能、陶冶学生情操、帮助学生树立健全人格的重要手段。华中科技大学附属小学音乐组以“陶冶情操，热爱生活”为音乐教育理念，旨在将校园打造成孩子们心中的艺术殿堂，让校园成为孩子们彰显个性、成就梦想、闪耀生命活力、快乐成长的精神家园。于是，在遵守国家音乐课程的同时，教师还结合本校特色文化、学生的音乐发展需求及当代世界主流的音乐发展趋势，开设了多声部合作活动的校本课程（奥尔夫课程）及大型的 MAX 音乐节，还开设了大量的选修课程及音乐社团等，由此构建一个更加完善的音乐课程教育体系，深入执行音乐课程标准，深化和拓展课程内容。

（四）强调音乐实践，鼓励音乐创造

音乐教学就是音乐艺术的实践过程，因此所有的音乐教学领域都应强调学生的艺术实践。华科附小十分注重音乐教学的实践性落实，在常规的音乐教学课堂中积极引导学生参与演唱、演奏等各项音乐活动，同时在课堂外，学校也会经常组织音乐社团活动、音乐节，并开发了“快乐周末”系列选修活动课程，让孩子们有机会参与综合性艺术表演和即兴创编等各项音乐活动，学校希望这样可以有效提高学生的音乐素养，增强学生的自信心，并培养学生良好的合作意识和团队精神。

同时，音乐也是一门极富创造性的艺术。中小学音乐课程中的音乐创造，目的在于通过音乐丰富学生的形象思维，开发学生的创造潜质。音乐组教师不仅会设定生动有趣的创造性活动内容、形式和情境，同时还会鼓励学生利用身边的一切可以发声的物品进行乐器创造，比如教学生用废弃的金属盒制作小锣，用卡纸和瓶盖制作响板等，这些举措不仅可以发展学生的想象力，还能有效增强学生的创造意识。

二、附小音乐课程多元化发展

（一）结合课标，明确音乐课程学段目标，使知识结构系统化

《义务教育音乐课程标准（2011 年版）》将义务教育阶段的 9 个学年分为了 3 个学段，对各个学段的课程目标和课程内容进行了简略表述，但没有明确指出每个年级的音乐课程的具体目标及教学内容，也没有指定使用某一种音乐教材。

然而在实际的教学工作中，不同年级的学生在生理和心理方面有很大差异，而且每个学校的教学条件和学生水平也是有差异的。为了更好地、更精确地提供适合本校学生发展的音乐课程，音乐组依

据《义务教育音乐课程标准(2011 年版)》明确了各个学段的学生需要掌握的音乐教学内容,并参照人民音乐出版社出版的九年义务教育音乐教材,从本校学生的实际水平与个性化需求出发,对每个年级的学生在每个学期段所应掌握的音乐知识技能和所应达到的音乐课程目标做了一个系统化的整理与归纳,明确了各年级的课程内容,并编写了《国家课程音乐教材十二册知识结构文本集》。

(二) 引入先进教学理念,打造本土化的奥尔夫音乐课堂

《义务教育音乐课程标准(2011 年版)》为音乐课程的校本化实施提供了很好的政策支持和理论支撑。该课程标准非常重视音乐审美教育与合唱教学,并要求体现音乐课程的人文性与实践性,鼓励学生积极参与实践与创新。

目前,奥尔夫音乐教学法在全球音乐教育中具有一定的影响力。奥尔夫音乐教学法的最大特点是,自始至终让儿童自己动手、动脑,让儿童主动奏乐,而不是被动听乐;让孩子们边唱、边跳、边奏乐,而不是沉闷、呆板地坐着听课,或机械地模仿。这可以充分激发孩子们对音乐的喜爱,避免儿童被迫苦恼地接受音乐,从而真正达到“乐”(yuè)即“乐”(lè),最大限度地满足儿童的心理需要。引进奥尔夫音乐教育体系对中国音乐教育改革和发展有着深远的意义,它有助于我国基础音乐教育与前沿音乐教育理论的衔接。

为了优化国家课程实施,体现新课程标准的先进理念,满足附小学生、教师、家长等在音乐课程方面的精神文化需求,音乐组的教师们对教材进行了深入研究,并在此基础上进行了丰富和拓展,以国家课程体系为载体,引入奥尔夫音乐课程教学理念,并运用奥尔夫教学法来尝试构建以多声部合作活动为中心的音乐课堂教学模式。从多声部合作活动中的情景教学、合唱教学等方面进行研究,尝试将国际上先进的奥尔夫教学理念、教学方式运用到课堂实践中,并丰富和拓展教材,唤醒学生的创造力和学习的本能,使学生在课堂中不知不觉地进入到音乐的本体,充分感受音乐的美。

(三) 依据学生发展规律,针对不同学龄分层教学

《义务教育音乐课程标准(2011 年版)》中提到,要“根据学生不同年龄段的心理发展水平和音乐认知特点,分段设计梯度渐进的课程学段目标及相应的课程内容”。音乐组教师在进行国家课程校本化实施的过程中也注意到了这个问题,毕竟各个阶段的音乐教学的侧重点各异,所以在进行国家课程校本化实施,构建多声部合作活动课程的过程中,教师针对不同年龄段的学生对教学内容和方法做了针对性的调整。

1. 低年级进行合唱意识的培养

针对一、二年级的学生,教师在课堂上给每个学生起一个“音乐名”,帮助学生学会听音阶、听辨旋律和音程。采用柯达伊音阶手势,帮助学生认识音的高低,并让学生知道手势的形状代表发音时的口形。在教学中除让学生齐唱外,还可让学生进行一些简单的合唱,例如轮唱、填充式合唱、对唱游戏等。

2. 中年级进行合唱知识的渗透

除了轮唱外,还可采用伴奏式二声部、填充式二声部、呼应式二声部、简单旋律二声部等多种合唱形式,从而激发学生的学习兴趣。

3. 高年级进行合唱的实践

从“做歌曲”入手,创造性地使用教材,把教材进行补充、拓展和重组,充分挖掘歌曲合唱素材并让学生进行二度创作、改编,教师改编的合唱歌曲要贴合学生的实际生活,这对培养学生的合唱与合作能力有很大的帮助。

(四)整改教材,个性化教学内容

本校音乐课程在国家课程校本化实施的过程中,特别是在开展多声部合唱活动课程时,也曾遇到过难题,例如很难找到适合本校开展奥尔夫音乐合唱课程的教材。附小音乐组的教师们对现有教材进行了补充、拓展和重组,比如对教材中的《法国号》、《两只老虎》、《我的家在日喀则》、《小白船》、《快乐的农夫》等一些耳熟能详的曲目进行了改编,使它们更加易学易唱。教师们还选编了不在国家音乐教材内的具有代表性的音乐作品,并创编完成了《萤火虫校园合唱作品集》。另外,教师结合学生热衷的动画片的主题曲、国外经典影视音乐、经典儿歌、励志流行歌曲等在合唱教材中增添了台湾民谣《萤火虫》,日本动画音乐《天空之城》,格莱美获奖金曲《昨日重现》、《嘿,朱迪》,流行歌曲《蜗牛》、《青花瓷》等。

教师对教材的整改主要着眼于充分挖掘歌曲合唱素材,并进行二度创作,使改编的歌曲更加贴近学生的实际生活,力求使教材融知识性与趣味性为一体,着重培养儿童对合唱的兴趣。整改教材也作为国家课程校本化实施的补充教材。

(五)进行跨学科多元整合

《义务教育音乐课程标准(2011 年版)》强调要突出音乐的特点,注重学科综合。音乐与人类的社会生活、各种文化艺术有着紧密的联系,所以在突出音乐特点的基础上,音乐教学的学科综合包括不同教学领域的综合,如音乐与诗歌、舞蹈、戏剧、影视、美术等不同艺术门类的综合,要通过具体的音乐材料构建起音乐与其他艺术门类及其他学科的有机联系,并在综合过程中对不同艺术门类的表现形式进行比较,拓展学生的艺术视野,深化学生对音乐艺术的理解。

同时,在奥尔夫音乐课程教学理念中,音乐教学最大的魅力在于它已不再是单一的音乐教学内容,音乐与动作、舞蹈和语言是紧密结合在一起的,综合性的教学非常有利于儿童的成长。鉴于此,在每周的音乐课中,教师会将国家教材和校本教材有机地结合在一起,让孩子们在音乐、舞蹈、动作、语言等艺术活动中,把音乐用听、说、唱、跳、奏、玩等各种不同形式表现出来,从而开发学生的音乐想象力。

三、附小音乐课程个性化发展

《义务教育音乐课程标准(2011 年版)》指出:"音乐艺术的审美体验和文化认知,是在生动、多样的音乐实践活动中,通过学生的亲身参与生成和实现的"。

为此,本校音乐组针对音乐课程中的三个具有很强的实践性的教学领域,面向全体学生,从音乐学习的特点出发,设计了生动活泼的教学形式,如 MAX 音乐节、"快乐周末"系列选修课、音乐社团等,引导学生主动参与各项音乐实践活动,激发学生的学习兴趣,逐步培养和提高学生的音乐能力,同时也逐步丰富和完善附小的特色化音乐课程体系。

(一)常规音乐活动(MAX 音乐节)

音乐组采用奥尔夫音乐教学法来辅助国家音乐课程的校本化、个性化实施的同时,也在校本课程范畴内增设了富有特色的活动课程——MAX 音乐节。如今 MAX 音乐节已成为附小一项传统的学科节日,其也是附小音乐课程体系中的重要组成部分。开展音乐节可以让学生们在体验音乐活动的同时,享受欣赏音乐所带来的愉悦,教师可引导学生感受、体验具有不同风格特点的民族音乐,从而提高学生的想象力和创造力。

从2012年12月第一届MAX音乐节开始，一年一度的音乐节已成为附小学生们必不可少的欢乐节日。在每年的MAX音乐节中，教师除了鼓励学生们自制乐器外，还让学生将中国传统民族音乐与京剧表演文化相结合，将流行歌曲与经典歌曲相结合，让学生在音乐活动中了解不同地域、民族、国家的音乐文化和理解音乐多元文化。MAX音乐节主要是以打击乐器的合作和律动为主，学生们在齐心协力地合作时可感受音乐的美，体验到相互合作的快乐。

（二）“快乐周末”系列选修课

为了更好地让学生享受学习音乐的快乐，构建一个更加完善的音乐课程教育体系，附小开设了大量的活动选修课程，如“人声艺术”、“影子舞蹈”、“梦想录播室”等。

选修课是由本校音乐组的教师根据国家音乐课程标准的要求，结合自身特长、学生们的喜好需求、学校的硬件设备条件等进行设置的，教师力求尽量满足孩子们对音乐学习方面的需求，也希望通过多姿多彩的音乐选修课给学生们带来愉悦轻松的音乐学习体验。

“人声艺术”带领孩子们走进阿卡贝拉的奇妙世界，让学生体验合唱之美；“影子舞蹈”让学生了解影子舞蹈的分类，并自己尝试创编；“梦想录播室”通过让学生模拟主持电视节目，来锻炼学生的表现力，使他们掌握主持工作的基本要求；“音乐让我们在一起”让学生感受到奥尔夫器乐合奏之美和音乐的活力；“管乐”让学生走进西洋乐器的世界，感受各种乐器的合奏之美。这些鲜活生动的音乐选修课以丰富的教学内容和生动活泼的教学形式，激发了学生对音乐的兴趣，提高了学生的音乐素养，丰富了学生的精神生活，让学生能更深层次地领会到音乐的魅力。

（三）音乐社团

为了丰富校园文化生活，提高学生的精神品位和人文艺术修养，进一步展示附小学生的艺术风采和文化底蕴，从而更有力地全面推进学校德育工作的建设，同时为学校音乐课程建设和校园文化建设发展开辟新途径，创造新境界，学校面向全体学生，针对一些具有特殊音乐才能的学生，创建了丰富多彩的社团平台，希望能够让学生通过这些平台促进自身的个性发展，同时也为学校的艺术活动增添光彩。

1. 华中科技大学附属小学萤火虫合唱团

华中科技大学附属小学萤火虫合唱团，至今已有近30年的历史，现有正式团员70多名，预备团员30多名。由武汉市音乐学科带头人刘玉琦老师担任指导老师，由优秀青年教师严竹担任钢琴伴奏，致力于打造在省市有影响、有品牌的少儿合唱团。合唱团根据“普及与提高”、“育人与学艺”的美育理念，以别开声面的教学方式，让队员们在进行声乐和素质训练的同时，在歌声笑语中感受学习音乐的快乐。萤火虫合唱团多次参加国际、全国、省、市合唱比赛，并获得了良好的成绩。

2. 华中科技大学附属小学舞蹈队

华中科技大学附属小学舞蹈队组建于1999年9月，现有队员30多名，是学校少儿艺术团下设的艺术团队之一，由本校专业舞蹈教师黄钦负责训练，由魏爱月老师进行指导，该舞蹈队排练的舞蹈作品，不仅有具有湖北民族特色的舞蹈，还有与科技结合的现代舞等。经过近几年的训练，附小舞蹈队参加了省、市、区各级的舞蹈比赛，均获得了一等奖。同时学校十分重视舞蹈队的建设，并为舞蹈队提供了优良的艺术设施，为舞蹈队的健康发展奠定了强有力的基础。

3. 华中科技大学附属小学管乐团

华中科技大学附属小学管乐团成立于2012年11月，是由附小于1985年组建的“七彩阳光”鼓号队发展而来的，它是一支阳光、活泼、年轻的学生乐团。近几年来，在学校“全人教育”的办学理念的指导下，乐团始终坚持“规范管理、科学训练、快乐学艺、多元发展”的理念，以提高学生综合素养为目标，培养多才多艺、志向高远、和谐发展的阳光少年。目前，附小管乐团正在蓬勃发展，相信在各级领导的关怀和支持下，管乐团的孩子们会在乐团的不断发展壮大中，收获进步、得到快乐、体验成长。

四、附小音乐课程收获与思考

本校音乐组教师在以往的合唱教学的基础上，加入了新的教学理念，构建了以奥尔夫多声部合作活动为中心的音乐教学模式，从不同的角度剖析国家音乐教材，对国家音乐教材中的知识结构进行了梳理，以表格的方式归纳出了各年级必须掌握的音乐知识技能，针对性地设计了一些活动，大大激发了学生对合唱的兴趣。同时学校在二、三、四年级开展了奥尔夫教学实践研究，提高了学生们的合唱能力，并取得了以下成果。

2011 年 12 月，刘玉琦老师运用奥尔夫教学法执教的小学音乐创作欣赏课“月亮月光光”获第六届全国中小学音乐优质课评比一等奖，这节课让专家与听课教师充分感受到了奥尔夫教学法本土化的可行性与实践性，该课程获得了同行们的一致认可与好评，为今后的课堂教学指引了新方向；2013 年 7 月，杨晓婧老师执教的小学音乐综合课“理发师”获东湖开发区“课内比教学”比赛一等奖；2014 年 6 月，杨晓婧老师执教的小学音乐综合课“音乐小屋”获武汉市中小学音乐优质课比赛一等奖；2014 年 6 月，黄钦老师执教的小学音乐舞蹈综合课“欢乐草原”获东湖开发区“课内比教学”比赛一等奖；2015 年 10 月，黄钦老师执教的小学音乐综合课“我是人民小骑兵”获东湖开发区“课内比教学”比赛一等奖；2016 年 4 月，黄钦老师执教的小学音乐综合课“我是人民小骑兵”获武汉市音乐欣赏课比赛一等奖。

音乐组的教师们除了完成教学工作外，还善于反思教学中的问题，勤于思考，积极撰写教育论文进行发表。在课题研究的三年时间内，音乐组的教师撰写了十余篇论文，并发表在《中国音乐教育》、《中国教育研究》、《学友文摘》、《湖北教育》等国内教育期刊上。音乐组教师共同完成了音乐教育出版物《音乐让我们在一起》和《萤火虫校园合唱作品集》。

课程研究结果进一步丰富了国内现有的奥尔夫音乐教学实践经验，华科附小将尝试如何将奥尔夫音乐教育进一步本土化，使之具有可操作性，华科附小将成为湖北地区开展奥尔夫多声部教学的先行者。如果实践取得成效，这将有利于提高学生对音乐的兴趣，同时也在武汉地区发挥出先导作用。

在今后的理论实践研究过程中，音乐组将收集整理奥尔夫优秀案例集和优秀课例光碟集，进一步深化奥尔夫理念在小学音乐教学中的运用，由点到面地在全校各年级普及奥尔夫教学，构建以奥尔夫多声部合作活动为中心的小学音乐教学模式，在教材的选用上，不局限于固定的音乐系统成品，而是根据学生的情况灵活选用教材或者自编教材，甚至将即兴创编的音乐作品、歌曲童谣等内容用于补充国家教材，真正实现奥尔夫教学法的本土化。

参考文献

[1] 王汇涓. 奥尔夫教学法在器乐集体课教学中的应用[D]. 兰州：西北师范大学，2005.
[2] 丁旭东. 谈奥尔夫音乐教育体系的理念——访中国奥尔夫专业委员会会长李妲娜教授[J]. 艺术教育，2007(6).
[3] 何璐. 奥尔夫教学的本土化实践[D]. 广州：星海音乐学院，2009.
[4] 刘杜芳. 课程视野下的奥尔夫音乐教育理论与实践研究[D]. 上海：上海师范大学，2006.

[5] 张素格. 浅谈"奥尔夫音乐教学法"在小学音乐教学中的应用[J]. 教育实践与研究,2010,(21).
[6] 朱小云. 奥尔夫教学法在小学音乐课堂中的重要性[J]. 新课程(小学), 2012(1).
[7] 李艳艳. 试论奥尔夫教学体系下的小学音乐课堂教学策略[J]. 黄河之声, 2012(18).
[8] 李妲娜. 奥尔夫教学法(Orff-Schulwerk)在中国[J]. 乐府新声(沈阳音乐学院学报),1995(3).
[9] 子规. 访奥尔夫教学法专家莎拉·布鲁克教授[J]. 中国音乐教育,2012(9).
[10] 荆雁凌. 中小学教师怎样进行课题研究(八)——教育科研方法之教育行动研究法[J]. 教育理论与实践,2008(23).
[11] 朱洪. 菁菁校园中外通俗合唱曲精选[M]. 上海:上海音乐出版社,2010.
[12] 朱洪. 青春飞翔校园流行合唱曲新编[M]. 上海:上海音乐出版社,2006.

小学美术个性化教学研究及实施方案

华中科技大学附属小学　汪琳红　罗红　王露　刘娇

【摘要】 随着基础教育课程改革的不断深入，作为教育部直属的附属小学，华科附小的美术教学一直坚持“观察探美、因材施教、师生互动、求异创新”的教学理念，以“重视学生课堂内外的美术教育、发展学生的创作性思维、倡导多元化美术学习、培养学生自身审美能力”为教学目标。想要有自己的美术特色，想要孩子们拥有自己的美术特长，就需要实施个性化美术教学，以满足学生的需求。为了增强本校美术课程的自身魅力，保持其鲜明的个性，美术组教师对小学美术国家教材进行了合理的优化重组，对教材进行了科学的、卓有成效的开发和利用，对校本课程进行了相关理论和实践研究，这些也是进行小学美术个性化教学研究的重要途径。

【关键词】 个性化；多元化；课程开发

一、美术个性化教学研究的意义

小学美术个性化教学应当满足不同学生的个性化发展要求。当前单纯的社会物质生活已经远远不能满足人们的需要，越来越多的人崇尚精神追求，追求艺术化生活，注重生活的品味性。不同地域、不同年代的人具有不同的精神追求，针对学生的美育培养也需要具有地域性、层次性，以满足个体的不同需要。小学美术的教学应凸显个性化，发挥创造性，要体现美术的乐趣，从而使小学生从小了解美术、应用美术、热爱美术。美术组希望把特色美术教育落实到常规教学之中，让全校每一个孩子都能接触各类美术材料，都能感受到版画、水粉画、水墨画、陶泥、扎染等不同艺术的魅力，让孩子们能够自主、活泼地学习，让美术教室成为孩子们的乐园。

二、美术个性化教学研究的主要内容

（一）小学美术连堂课及其合理性研究

按照教育部的规定，小学美术课程应贯穿一年级至六年级整个小学阶段，其中一年级至四年级每周 2 课时，五、六年级每周 1 课时。一年级至四年级是小学生学习美术的兴趣最浓厚的时期，也是培养学生学习习惯、技能方法的最关键时期。现用的人美版教材内容丰富，攘括绘画、色彩、陶泥、纸塑、版画等各类课程。有的课程涉及的工具、材料复杂，过于专业，学生难以准备。有的课程的教学内容多、作业要求高，学生在一节课的时间内根本完成不了作业，而学生草草完成作业又无法提高自身的美术能力。若将复杂的课程分两节课上，则对于纸塑、泥塑、水粉画等课程，学生无法保存已做了一半的工具材料。于是，教师设想将一年级至四年级每周的两个课时进行合并，形成连堂课教学。

自 2010 年以来，附小美术连堂课的教学模式得到了学校领导的大力支持，从一年级到四年级的美术课堂，均开设连堂课的教学课表，并且一直坚持到现在。那么，小学美术连堂课有没有合理性?

在连堂课的80分钟内，如何最合理地安排教学时间呢？如何最有效地激发学生的学习兴趣、提升学生的美术素养、高效又完整地完成教学任务是教师要研究的重点。几年来，老师们慢慢摸索，向全国极少采取美术连堂课教学的学校学习，参考许多校外美术机构的教学时间设置，慢慢形成了自己的主体目标和一套完整的课堂教学规划安排。

孩子们不再匆匆忙忙、慌慌张张，他们可以沉下心来慢慢构思和创作；教师不用再几个班连轴转，可以从容耐心地辅导，把每一节课当成主题活动来进行。通过课堂实践、学生调查、美术作品展览等各项工作的顺利开展，教师深刻地感受到：只要学校、教师共同努力，只要敢于创新、敢于实践，就一定会为孩子们打造一个能在玩中学、在学中玩，真正实现素质教育的完美课堂。

（二）对美术教材进行合理调整的研究

为了更好地适应教学改革、提高教学质量，各类美术教材不断更新改版，这对一线美术教学提出了更高的要求。如何达成教学计划并优化教学资源，各地区学校都在根据自己的实际条件进行着更为合理的教材研究。

附小隶属国家教育部，办学条件达标，硬件设施完好。现有的四间美术教室分别为以绘画、陶艺、色彩、工艺为主线内容的主题教室。几位美术教师按单元计划备课，充分利用教室资源进行特长教学。在此基础上，教师们对人美版小学美术教材根据不同年龄段孩子的特点，也进行了相对适宜的重组与补充。2014年间，音乐组的教师们完成了《国家课程美术教材知识结构整理汇编》资料集，将一至十二册美术教材进行了整体规划分类。从“造型·表现”、“设计·应用”、“欣赏·评述”、“综合·探索”四个领域对每一册教学内容进行教材分析、重难点规划、修订与重组、自创校本内容的补充等工作。这样一来，每位教师无论教到哪个年级，心中都有一根清晰的主线条，可以给不同年级学生制定整体规划目标明确的教学计划，真正实现高效课堂。

（三）自主合作、探究式学习模式的研究

自主合作、探究式学习主张在美术学习过程中给予学生充足的时间进行自由发挥与合作，将批判性思维与合作学习等教育理念、教学方法和教学技术融入到日常教学中，积极打造符合学生核心素养的“全人对话”课堂，在课堂教学中积极探索相关实施策略，总结相关经验，探索并建设富有生命活力的学习模式，让学生从小以探究的方式开展学习、实践和交流，有助于学生核心素养、美术素质的整体提高。

（四）小学美术个性化课业设计例集

小学美术个性化课业设计例集是美术组在理解国家课程个性化实施方案时的一个切入点。美术组根据学校对学生的培养目标，学校的办学条件，具体的教情、学情，以现用的人美版美术教材为依据，具体通过对教材的选择、改编、整合、补充、拓展等方式，对国家课程和地方课程进行再加工、再创造，提出更明确的，更符合学生、学校的特点和需求的课业设计要求。每位教师要充分尊重自己的学生，了解自己的学生，努力为孩子们的美术课堂提供更多、更合适的选择。例集内容包括特色教案、案例、教师范画、学生作业等，如图10所示。

（五）特色评价体系的研究

美术教育应鼓励学生参与到美术学习活动中，每个学生在自己的基础上应朝不同的目标方向获得不同程度的发展，而不是让每个学生面对同一标准，这样容易让学生产生压抑感和挫折感。因此，

图 10　小学美术个性化课业设计例集

用以人为本的态度纵向看待和评价每个学生的发展，激发他们对美术学习活动的兴趣，鼓励他们参与美术活动是美术组教师的最终目的。

美术学业评价有助于促进学生全面发展，客观、全面地评价学生在美术学习上所取得的成绩，建立多元化的评价方式，构建一种全面的、完善的、重过程的、重创新的美术教学评价体系，从而促进学生的全面发展。美术学业评价能促进学生正确对待自己的美术学习，进一步了解自己的长处与不足，以实现今后在美术学习上的可持续发展。

美术学业评价可以分为五大区域。

(1) 课堂绘画评价。运用不同的绘画材料和绘画方法，学习各类绘画技法，体验画笔带来的乐趣。

(2) 课堂工艺评价。学习平面或立体的各种工艺造型，如纸工、泥塑、布艺等，感受多元化美术的乐趣。

(3) 工具材料的掌握评价。灵活运用不同工具、新型材料完成作业，养成良好的整理工具的习惯。

(4) 学生学习态度评价。上课认真听讲、积极发言，认真完成作业。学生回答美术知识的正确率和对艺术作品的鉴赏能力等也是美术课程的重要标准。

(5) 小画册封面设计评价。运用本学期学到的综合表现方法，为本学期的小画册设计一个美观的封面。这也是一个检测孩子们能否学以致用的方式。

美术课程学生自评检测表如表 44 所示。

表 44　美术课程学生自评检测表

本学期的美术课我最喜欢“　　　　　　”这一课，因为：
本学期的美术课我有很多收获，如：
我最大的进步是：
本学期我会正确使用以下美术工具和材料：
在美术课堂上爱护公物、不浪费材料，下课能主动整理学习用具、保持教室环境卫生，你做到了吗？

"美术课程学生自评检测表"会在每个学期末发给每个学生,学生填写好后贴在自己的"小画册"的封底。这既是学生对一学期美术课程的一个回顾,对自我表现的一个评判,也是给家长的一个反馈。

(六)校本课程开发的研究

1. 研究目标

美术校本课程开发研究的目标为针对不同年龄段的儿童设计适合他们年龄特征的特色美术教学,其中包括对传统美术文化的传承与对湖北地方美术的渗透。

为了更好地满足学生发展的需要,以及充分发挥各位教师的专长,真正开发出符合自己学校、教师和学生的个性化美术校本课程势在必行。从对生活材料的运用,如麻绳、金属、塑料管等,到对废旧材料的再次开发,如纸箱、纸盒、光盘等;从对儿童纸工、布艺、扎染的技法教学,到对中国传统美术的传承与对湖北地方美术的渗透等,都是美术组研发的重点。教师要引导孩子利用各类综合材料进行有目的的欣赏、探索、创作、评价等活动,从而认识、发现生活中的美,继而创造美。部分开发成果如图11所示。

图11 部分开发成果

2. 实施规模

全校学生。

3. 实施内容及成果

美术组教师在每周五下午全校学生的选修课时间,针对不同年龄层次的学生,发挥自己的专业特长,进行了美术活动课程的开发和创新校本课程的设计。

在两年的课程实施与实践中,本校四位美术教师设计开发了校本活动课程系列图书共计9本,部分图书如图12所示。

"材料遇到大师"、"小鬼大作"是罗红老师在国家课程的基础上,贴近孩子们的校园生活和社会生活,将多学科整合而成的课程。教师应善于收集生活中的各种素材,带领孩子们一起游戏、一起想象、一起进行艺术创造。

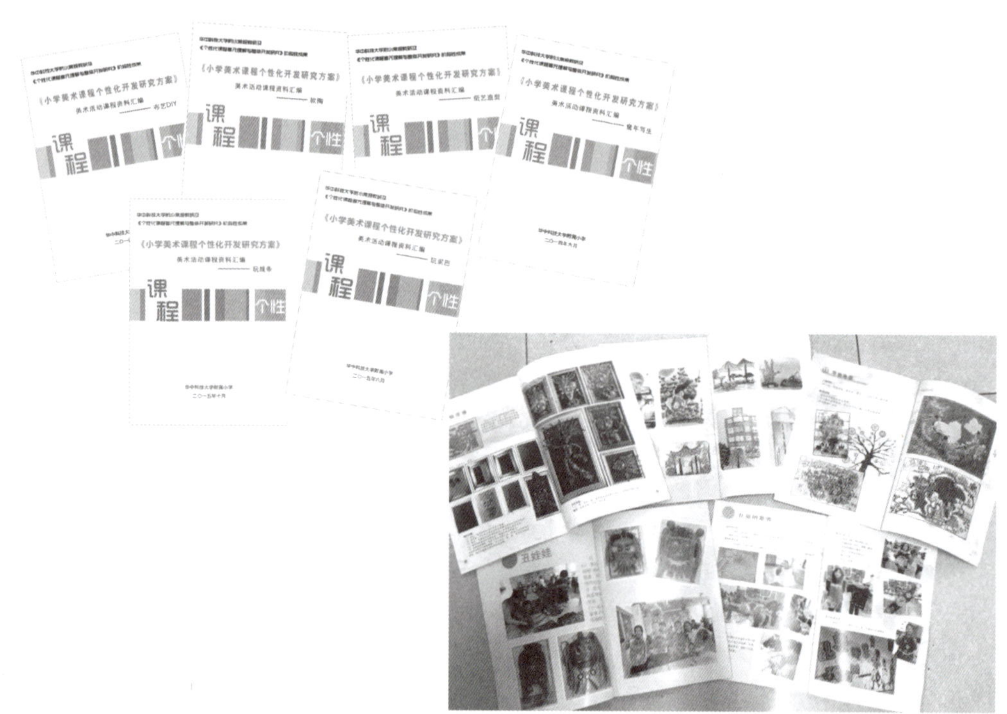

图 12　校本活动课程系列图书

“童眼看华科”是罗红老师针对中、高年级学生开设的线描写生课，她带领孩子们走出附小，走进华科的各个角落，感受华科大的校园文化、建筑风格，并让学生画出自己眼里最美的华科。

在汪琳红老师的“布艺 DTY”活动课程中，孩子们用各色丝带、花布、麻绳、废旧物品等材料，进行创意设计加工，制作出各种漂亮的发卡、可爱的毛绒娃娃以及个性的扎染服装等。

“欢喜坨和麻辣烫”是汪琳红老师带领孩子们一起合作完成的附小第一本经典漫画集，学生通过微日记的形式进行记录，并学习用线描、马克笔绘画等多种漫画形式进行表现，来发现校园、家庭、社会中的精彩趣事、生活点滴，从而让孩子们学习辨别社会的美与丑、善与恶，培养学生幽默又阳光的性格。

在多姿多彩的“软陶”与“玩泥巴”课程中，王露老师带着学生玩陶、做陶、烧制软陶，充分满足学生的创造欲望，让色彩缤纷的陶泥经过孩子们的手变成可爱的小动物、威武的大炮和坦克、气派的城堡和别墅……

王露老师的另一个课程“捏出来的安徒生童话”让孩子们充分体验到了制作泥塑的乐趣，让孩子们把儿时耳熟能详的童话故事用彩色黏土进行情境重现，将人物、动物、场景完美结合，小组成员分工合作，孩子们从中找到了极大的乐趣及成就感。

刘娇老师教授的“纸艺造型”课程的学生，是美术组“纸艺时装秀”节目最大的功臣。在附小六十周年校庆演出的舞台上，一件件精美的青花瓷长裙，用纸盒和纸杯制作的盔甲、机器人等纸艺服装，充分展示了孩子们天马行空的美术天赋。

在汪琳红老师、刘娇老师共同开发的“艺术烘焙与拼盘”课程中，孩子们学习做面包、卷寿司、焗土豆泥……这不仅仅是一场味觉与视觉的盛宴，更能培养孩子们锻炼自己、热爱生活的能力。

小学美术课程的个性化开发与研究是一个长期的过程，教师应不断摸索，脚踏实地地把学科进行整合，学会自主实践、发展特长，最终实现综合化课程。

三、个性化开发研究及实施的主要成果

(1) 提高了教师的研究能力与专业水平。

课题组成立以来，四位美术教师针对全校一年级至六年级学生的不同年龄特点，进行了全面的学情分析，制定了完整的研究计划和立项分工计划。教师们钻研教材，对美术新课标的具体要求有了更深层次的理解和更个性的思考。美术组教师由工作型教师向着科研型、学习型教师转换，教师不断进行着业务学习，努力提高自身的专业技术能力。学校的科研氛围也变得更加浓厚，这有效促进了学校办学水平的不断提升。2014 年，附小三位教师参与了人美版美术教材湖北补充教材的编写工作，罗红老师的“童话小屋”、汪琳红老师的“湖北城市雕塑”、王露老师的“图腾柱”课程均已入选。

(2) 促进了校本课程的建设，为周五活动课程渗入了丰富多彩的艺术元素。

2014—2015 年，美术组四位教师设计开发了校本活动课程系列图书共计 9 本:《材料遇到大师》、《小鬼大作》、《童眼看华科》、《布艺 DTY》、《欢喜坨和麻辣烫》、《软陶》、《玩泥巴》、《捏出来的安徒生童话》、《纸艺造型》，为学校课程建设留下了宝贵的资料。

(3) 锻炼了教师们的课堂教学能力，提升了教学水平。

随着课题研究的深入实施，每位教师都能认真反思自己的美术课堂，关注以学生为主体的素质培养，练就把握课堂的能力，不断尝试更具有创新思维能力的课堂，课堂教学效果也取得了极大的提高。2014 年 10 月，王露老师执教由武汉教育电视台现场录制的美术创意课堂“糖果城堡”;2014 年 11 月，在东湖开发区美术优质课竞赛中，王露老师的“一张奇特的脸”课程荣获一等奖、刘娇老师的“机器人”课程荣获二等奖;2014 年 12 月，中德艺术交流活动中，附小经湖北省推荐，接待了几位德国艺术学科专家，并邀请他们来校听课交流，罗红老师执教了中国画研究课“彩墨鱼”、汪琳红老师执教了合作学习研究课“家乡的小吃”，两门课获得了国内外同行们的迭口称赞;2015 年 7 月，罗红老师执教武汉晚报精英课堂“怪兽”。部分课堂的现场图片如图 13 所示。

图 13　部分课堂的现场图片

(4) 真正实现了“游戏课堂”与“创新课堂”，培养了孩子们的美术素养及审美能力。

美术组一直坚持日常“美术社团”活动的开展，培养了一批又一批的美术小人才，学生在国际和国内各项美术比赛中取得了不少优异成绩。2013—2015 年，每年五月举办的校园“艺术节”、“涂鸦节”的参与人次均达到了一千人，2015 年的活动参与率几乎达到了百分之百。

(5) 美术教学在省、市、区范围内引起了轰动性效应，附小起到了模范带头作用。

附小现有的四间美术教室分别开设为绘画教室、陶艺教室、色彩教室、工艺教室，如图 14 所示。四位美术教师设计并布置了色彩和谐、丰富多样的由学生作品、金属、麻绳、葫芦、纸盒等点缀的风格迥异并具有浓厚艺术气息的美术教室。2013—2015 年，省、市、区多位教师和领导参观了这四间美术教室，在这四间教室开展了中国台湾、中国香港、德国、泰国等国内和国际美术交流活动共计二十余次。

图 14　四间美术教室

2013—2015 年，美术组迎接了国际、全国接待课二十余次。罗红老师、汪琳红老师为南京师大师生、武汉市美术教师们等做报告共计十余次，介绍附小美术工作的开展及课程建设情况，如图 15 所示。经省、市美术教研员推荐，附小已积极申报了“武汉市首批美术教育特色学校”、“湖北省首届美术教育改革实验基地学校”，争取把教育、教研工作越做越好。

图 15　罗红老师、汪淋红老师做报告现场

四、课题研究存在的问题及反思

(1) 校本课程内容与活动课程内容还需丰富和加强，要真正调动起每位教师的积极性与创新性，激发每位教师的潜能。让教师们沉下心来深钻业务，发挥特长，带领孩子们感受更宽广的艺术领域，学会美化生活。

(2) 青年教师的力量还需加强。青年教师平时要多加强业务学习和对基本功的训练，要更深入地挖掘教材，成为一名真正的研究型教师。

(3) 要进一步站在学生的立场，真正以学生为主体加强美术教学，教师起辅助和辅导作用。以激励学生思维、激发学生创造力为目标，关注孩子们的个性与发展，不断反思总结，从而达到课题研究的真正意义。

参考文献

[1] 林崇德.教育的智慧——写给中小学教师[M].北京:北京师范大学出版社,2005.

构建“两个模式”
——校本化实施科学课程

华中科技大学附属小学　易传发

【摘要】 小学科学国家课程承载着培养学生科学素养的重任，那么，如何更好地开发校本化实施小学科学课程呢？本文着重阐释了“测查、激趣、挑战、反馈”单元教学模式和“12＋8＋1”校内外科学实践活动模式，文中不仅阐述了这两种模式的积极意义，也为实施这两种模式提出了具有可操作性的策略，为校本化实施国家科学课程以及促进学生科学素养的发展提供了参考和借鉴。

【关键词】 科学素养；单元教学模式；校内外科学实践活动模式

小学科学课程是一门集基础性、实践性为一体的综合性课程。小学科学课程要按照立德树人的要求培养小学生的科学素养，为他们的后续学习和终身发展打好基础。按照教育部课程计划，从一年级至六年级均开设科学课，其中，一、二年级每周1课时，三、四年级每周2课时，五、六年级每周3课时。目前全国获得国家课程审查委员会审查通过的教材共有8个版本，而华中科技大学附属小学选用的是教育科学出版社出版的科学教材。

如何在达成国家科学课程基本目标的基础上，促使学生得到更好的发展呢？华中科技大学附属小学主要做了以下两方面的尝试，一是对国家课程进行校本化实施，构建“测查、激趣、挑战、反馈”单元教学模式；二是开发丰富的校内外科学实践活动，构建“12＋8＋1”校内外科学实践活动模式，开阔学生的视野，发展学生的动手动脑能力。如果说构建“测查、激趣、挑战、反馈”单元教学模式是为了达成国家课程的基本目标，那么构建“12＋8＋1”校内外科学实践活动模式，则是在达成基本目标之后，引导学生迈向更高、更远。二者相互促进，学生在科学课堂上的成长与发展能让学生在校内外的科学实践活动中有更高的实践和探究水平，以此获得更好的发展，反之亦然。

一、构建“测查、激趣、挑战、反馈”单元教学模式

针对以往科学教学中存在的对学生前概念的测查不清、学生的学习目标不明、学生的学习兴趣不浓、所学知识与生活联系不紧，以及教学效果反馈不力等方面的问题，附小教师借鉴了美国STC课程的一些做法，以单元教学目标为依据，着眼于学生的发展，构建了“测查、激趣、挑战、反馈”单元教学模式，力图克服以往教学中存在的问题。

（一）“测查、激趣、挑战、反馈”单元教学模式的含义

“测查、激趣、挑战、反馈”单元教学模式是以学生的前概念水平为出发点，采取科学魔法的方式来调动学生学习的积极性，采用挑战性活动的方式来发展学生运用科学的能力，通过单元后测来反馈学情的一种单元教学体系。

（1）测查。通过单元前测测查学生的前概念水平，即在进行单元学习之前，教师通过研读课程标准以及教材内容，制定出与本单元的教学目标相匹配的问题，用书面测试的方式让学生来回答这些问

题，然后通过集体交流和教师查阅的方式来了解学生的前概念水平。

(2) 激趣。通过科学魔法的形式激发学生的学习兴趣，即教师依据单元教学的目标和内容，设计一些与本单元教学目标相关的科学魔法，在单元教学之前通过魔法表演的方式，引起学生对现象以及问题的关注与思考，从而激发学生对本单元教学内容的兴趣。

(3) 挑战。设置挑战性活动，即在每单元的学习即将结束的时候，教师引导学生去经历与本单元学习目标相适应的、与学生的生活有紧密联系的"跳一跳，够得到"的活动，发展学生运用科学的能力，从而促进学生进一步深入理解学习内容。

(4) 反馈。通过单元后测来获得学情的反馈，即在每单元学习结束时，教师引导学生做与单元前测相同的测试，学生通过对单元前后测的对比可以看到自己的成长与进步，教师也可借此了解学生的学情，并及时做出教学反馈和调整。

其中，测查是基础，是教学的出发点；激趣是保障，是教学的动力点；挑战是关键，是教学的生长点；反馈是手段，是教学的目标点，如图 16 所示。

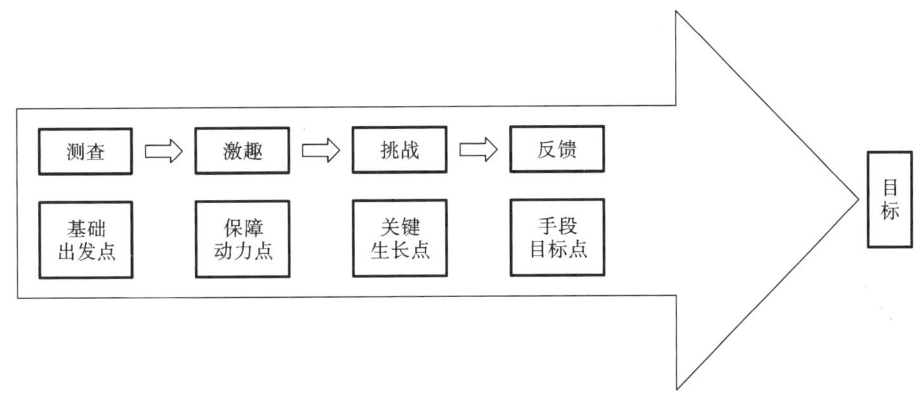

图 16 "测查、激趣、挑战、反馈"单元教学模式

(二) 如何实施"测查、激趣、挑战、反馈"单元教学模式

1. 熟悉课程和教材要求——确定单元教学目标

教师在进行单元教学之前，要认真研读课程标准中关于本单元的教学目标和标准要求，结合教材内容以及本校学生的特点，确定单元的教学目标。进一步明确单元教学目标的原因有以下两点，一是当教师能整体把握单元目标时，教学的方向感会更明确；二是课程标准规定的是教学的基标，而各个学校的学生的整体情况会有所不同，教师可以根据整体学情适当调整单元教学目标。

2. 构建激发学生兴趣的科学课堂——开展科学魔法表演

研究表明，小学生的思维特点是以具体形象思维为主要形式，逐步过渡到抽象思维，这种形象思维在很大程度上是直接与感性经验相联系的，有很大成分的具体形象性。由此可见，小学生很容易被直观的、新奇的事物所吸引。在科学学习过程中，教师结合科学课程四维目标的要求以及教学内容的特点，采用特殊的课堂教学模式，吸引学生主动参与到科学探究过程中来。魔法课堂用于单元教学之前，教师通过科学魔法表演的形式，让学生对本单元的学习产生浓厚的兴趣，当学生观看或者参与到科学魔法活动中去时，他们的头脑里一定会产生这样或者那样的问题。让学生带着明确的问题参与到科学探究过程中，学生在亲历探究过程后，他们的科学素养将随之得到提升。

3. 构建符合学生心智特点的科学活动——设置科学挑战性活动

从学生学习的角度来看，合适的问题更能提升学生学习的效能。当问题过于简单时，学生会对探究失去兴趣；当问题太困难时，学生会因为能力所不及而放弃。只有对学生来说"跳一跳，够得到"的问题，才能让学生兴趣盎然地参与进来且得到最大收获。因此，学校必须跳出国家课程的限制，在尊重学生实际情况的前提下，进一步寻找更上一层楼的科学课程实施路径，比如具有挑战性的科学活动。该活动用于单元教学结束的时候，教师根据单元教学目标和内容设计一个适当的具有挑战性的问题，让学生在参与挑战性活动时，既运用到本单元所学知识，又能在原来的基础上有更高层次的发展。

4. 构建基于个性化课程理念的课程评价机制——进行单元前后测

借鉴美国 STC 课程的做法，教师结合单元总体教学目标，编制了每个单元的前测和后测，单元前测用于了解学生在上本单元课程之前对本单元主要内容的理解。教师可以通过测查了解学生的前概念水平，以便于在教学中进行有的放矢的教学。单元后测是学生在学完本单元内容之后，结合自己学习的内容再回答相同的问题。通过对前后测的对比，教师可以看出教学目标的达成情况，并做出合适的反馈，学生也可以通过对前后测的对比，看到自己的成长与进步，获得成就感。

(1) 单元前测。根据确定的单元教学目标以及本单元教学内容，确定几个涵盖本单元核心科学概念的问题，让学生以书面测试的形式完成答题。学生完成答题以后要针对本单元的问题进行头脑风暴式的集体交流，头脑风暴前教师要告诉学生以下三条准则：不要抱有成见，持开放心态接收各种观点(是接收，不是接受)；对其他同学贡献的观点不要进行批评或妄加评论；努力把自己的观点与其他同学的观点联系起来。之后教师让学生集体交流某一话题，并用白纸记录学生的发言要点。接下来查阅学生的单元前测。做好这些工作的意义在于测查清学生的前概念水平。单元前测对于学生的意义就在于能让学生带着问题来进行单元的学习探究。

(2) 单元后测。学习完毕后，让学生做与单元前测内容相同的问题，通过与单元前测进行对比，学生会比较容易看到自己的成长与进步，教师也可借此了解本单元目标的达成情况。在进行单元后测之后，教师也要做两件事，一是针对白纸上的问题让学生展开集体交流，这时的交流与头脑风暴完全不同，学生可以支持、反对、补充或完善某观点，通过回顾学前提出的观点，学生可以明白自己在学习之前，哪些观点是正确的，哪些观点是不完全正确的，或者是错误的；二是查阅学生的单元后测，做好查漏补缺工作，为下次教学积累经验。

(三)“测查、激趣、挑战、反馈”单元教学模式的价值取向分析

通过分析“测查、激趣、挑战、反馈”单元教学模式的实施过程不难发现，测查学生前概念水平，创设教学情境，设置挑战性活动、反馈评价活动等都要围绕着既定的教学目标开展，这样可在保证学生达成基本目标的同时，引导学生向着更高的目标迈进。这种单元教学模式的价值取向表现在以下几个方面。

1. 把学生的前概念水平作为教学的逻辑起点

毫无疑问，教师必须把课程标准的要求作为教学的重要参考依据，但现实中的教学往往只注重了统一的要求，而忽略了不同地区、不同学校的学生在某些具体科学问题上的差异性。当科学教学更多的是把注意力放在达成基本教学目标上时，就有可能会忽略作为学习主人的学生。学生在参与科学学习时本身并不是一张白纸，他们是带着丰富的生活体验来到课堂的。通过对前概念水平的测查，教师能够更清晰地知道学生的学习水平，从而把学生的前概念水平作为教学的逻辑起点。当学生对某些问题难以理清时，教师可以给予学生更多的帮助，当学生对某类科学问题都已经掌握时，教师可以略过内容，把更多的时间投入到有利于学生发展的问题上去。

2. 把激发学生对科学的兴趣作为教学的重要内容

科学教师在制定教学目标时，通常从科学知识、科学探究、科学态度、科学技术社会与环境四个方

面来确定目标。在这四个方面，教师考虑最多的是科学知识和科学探究，对于科学态度以及科学技术社会与环境方面考虑的相对较少。如果缺乏正确的科学态度以及对科学技术社会与环境的认知，那么即使是能让学生拥有丰富的科学知识以及很强的科学探究能力的教育，也不是好的科学教育。正所谓：方向不对，努力白费。在四维目标中，科学态度和科学技术社会与环境犹如方向、道路，而科学知识和科学探究犹如方式、方法，只有方向、道路是正确的，并采取合适的方式、方法，才能如期甚至提前到达目的地。在科学教学过程中，把激发学生对科学的兴趣作为教学的重要内容，正是为了细心呵护儿童与生俱来的好奇心，提高他们对科学的兴趣和求知欲，当学生对科学具有浓厚的兴趣时，才有可能攀得更高、走得更远。

3. 把培养学生在真实情境中解决问题的能力作为教学的重要目标

当学生遇到生活中的实际问题时，往往会出现这种情形，明明掌握了相关科学知识，但在面对实际问题时却束手无策，这反映出科学教育对联系生活、学以致用方面的关注不够，而设置挑战性活动，就是着力于培养学生在真实情境中解决问题的能力。与常规课堂仅仅关注科学知识不同，挑战性导向的课堂更关注事物之间的联系。要引导学生“像科学家一样真刀真枪地做科学”，通过引导学生认识事物间动态的、联系性的关系，促进学生认识的发展。学生在参与解释、论证、辩论等活动时，会呈现出一种百花齐放的状态。基于以挑战性为导向的课堂设计，在探究活动中有机地将学生的差异认识结合在一起，不仅能引导学生关注事物的规律，而且能让学生系统地建立起对事物间相互关联的认识。

（四）实施“测查、激趣、挑战、反馈”单元教学模式的积极意义

1. 测查——单元前测的积极意义

（1）关注学生的前概念。

关注学生头脑中的前概念，即了解学生关于即将学习的内容已经知道了什么或还想知道什么，了解学生的前概念水平非常重要，学生原有的前概念是教师进行教学的起点。学生带着对世界的一些正确的或错误的或不完整的认识来到教室，在信息时代的今天，学生获取知识的来源已不只是传统的课堂、课本、教师等，各种媒体、网络以及丰富的社会生活都已成为学生获取信息的有效途径，如果还是把学生当作一张白纸任意涂画，必然会事倍功半。

单元前测就是在学生学习某单元课程之前，测查学生对该单元主要内容的理解并进行提问。在单元前测中，教师可以看到学生原有的认知在什么层面，可以第一时间掌握学生的前概念。一方面，教师在上课之前对学生的学情分析非常重要，对于学生已经知道的可以不讲，对于学生不知道的或者出现分歧的地方，需要重讲、细讲；另一方面，单元前测还可以显示出有多少人、多少比例的学生对某一方面的知识还缺乏认识，使教师在教学中可进行有的放矢的教学，也可使学生在学习后有成长和进步。

（2）关注学生的差异性。

每个学生都是一个鲜活的个体，他们表现出不同的性格特征和不同的兴趣爱好，他们的知识结构、知识基础、思维方式、行为方式等都表现出差异。要做到关注学习的差异性，就应尊重学生的这些个性差异。要尊重学生的人格，平等对待每一个学生，承认并允许学生存在不同程度、不同形式的差异。现代教育强调以人为本，面向全体。教育应关注每一个个体的发展，要尊重学习过程中所体现出的个性差异。单元前测就是一种有效的手段，让教师关注到每一个学生的差异，并且有效地进行因材施教。

不同层次的学生应有不同的发展要求。用同一把尺子度量学生是机械的、没有生机的，不能用同一把尺子衡量所有的学生。对于程度较好的学生，过低的要求会使他们养成骄傲的情绪和思维惰性；

对于程度较低的孩子，过高的要求会使他们丧失自信心。在教育教学中要以发展的眼光看待每一位学生，只要学生有进步就应该对其认可，让每个孩子都有机会品味成功、享受成功。

2. 激趣——科学魔法的积极意义

(1) 激发学生学习的积极性。

根据小学生的思维具有直观性和具体性的特点，只有要求将儿童作用于环境，其认识才能顺利进行。只有当儿童对环境中的刺激物进行同化和顺应时，其认识结构的发展才能得到保障。因此，新的单元开始时，教师可以用科学魔法创设情境，酝酿气氛，让学生触景生情，诱发学生的某种情感，让学生以最佳的学习心理去获取知识，让他们尽快地进入科学课堂的角色，成为学习的主人。

(2) 促进学生思维的发散性。

发散性思维是一种重要的创造性思维，具有流畅性、多端性、灵活性、新颖性和精细性等特点。发散性思维不依常规，寻求变异，借助发散性思维可对给出的材料和信息从不同角度、不同方向、不同方法或途径进行分析，从而解决问题。发散性思维可充分发挥人的想像力，让人突破原有的知识圈，从一点向四面八方想去，并通过对知识、观念的重新组合，寻找更新和更多的设想、答案或方法。从小培养学生的发散性思维，有利于让学生更好地学习知识和应用知识，并提高他们解决问题的能力。

魔术、魔法是同时将眼、手、脑合为一体的趣味性活动，它们是培养学生发散性思维的良好途径。科学魔法课堂将自由性、趣味性、启发性和创造性集于一体，当学生对课堂产生浓厚兴趣时，他们的主体意识会增强，积极性会提高，发散性思维就会相当活跃。思维始于惊奇。惊奇的心态往往伴随着疑问，能够激发学生对求知的渴望和探索的意识。在教学中，新奇的科学魔法能激发学生积极思考。教师在利用科学魔法的方法导入时，要善于挖掘素材，捕捉学生的心理，精心设计科学魔法，创造惊奇的气氛，使学生惊之以心，动之以情，发之以问，晓之以理。

3. 挑战——挑战性活动的积极意义

(1) 促进学生的知识迁移。

在学习这个连续的过程中，任何学习都是在学习者已经具有的知识经验和认知结构、已获得的动作技能等基础上进行的。这种原有的知识结构对新的学习的影响就形成了知识的迁移。科学挑战性活动是每个单元中符合教学目标并且学生通过努力能够解决的活动。学生可以利用通过本单元所学习到的科学概念、科学方法等创造性地完成挑战性活动，从而学会进行知识的迁移应用。

(2) 促进学生的个性发展。

每一个孩子都是与众不同的，每位学生都有自己独特的天赋特性、偏好和天生优势，也有不同于别人的弱点，应用个性化的方法让学生去适应学习方面的要求。科学挑战性活动的设计具有灵活性，可以适应不同孩子的情况，让每位学生都能够根据自己的情况提出独特的解决方案，并发挥自己的长处去解决问题，从而促进每一个孩子的个性发展。

4. 反馈——单元后测的积极意义

(1) 形成有效评价。

单元后测形成了两种有效评价，即教师评价和学生自我评价。

① 教师评价。教师利用评价的结果可以明晰课堂教学目标的实现程度，教学活动中使用的方式是否有效，学生对知识的接受程度和学习状况，从而及时调整自己的教学行为，反思和改善自己的教学计划与教学方法，不断提高教学水平。教学评价是以教学目标为依据的，如果评价后的学习结果与预期的教学目标相符，表明教师完成了教学任务，则教师的教学方法是成功的。如果评价后学生的学

习结果与预期的教学目标不相符，那么教师必须重新考虑教学目标的适当性以及教学方法的有效性，考虑如何进一步改进教学。

② 学生自我评价。通过单元后测，学生可以有机会了解自己学会了什么，尤其是通过与单元前测进行对比后，可以知道自己学习的程度如何，在哪些方面有丰富和进展，是比其他同学学得好，还是比其他同学学得差。学生可以通过对前后测的对比，看到自己的成长、进步与发展，获得成就感。教学评价作为对学生学习结果的反馈，可以进一步增强学生的学习动力。

(2) 促进学生的自信形成。

自信对我们的生活非常重要，不管对于哪一个领域，自信都是无比重要的。自信给人以力量，给人以快乐。正是有了自信，人们才充满了睿智，才能让自己的人生之花开得更茂盛、更灿烂。只有自信才能让生活处处是舞台，让人生越过越精彩。所以让学生从小拥有自信是非常重要的。学生通过对单元后测与单元前测进行对比，能够清晰地看到自己的成长与进步，获得一种学习的成就感与愉悦感，从而变得越来越自信。

（五）实施“测查、激趣、挑战、反馈”单元教学模式存在的问题及相关思考

1. 根据时间进行灵活整合

单元前后测和挑战性活动需要将时间作为保障，必要时应将课程内容进行适当整合。鉴于五、六年级每周有 3 节科学课，课时量相对充足，建议五、六年级可以按照该单元教学模式来实施；三、四年级每周只有 2 节科学课，应对单元教学内容做适当删减。

2. 适时修改，合理创新

科学魔法课堂并不适合所有的教学内容，需改变思路以其他形式吸引学生参与到单元学习之中。有些教学内容，诸如生物的多样性、动物的生命周期等并不能以科学魔法的形式来吸引学生参与到单元学习之中，这就需要教师改用其他方式，如看视频、讲故事、做体验式的游戏等。

3. 积极引导，鼓励参与

科学教师所带的班级数和每班的人数都较多，需要用多样的方法来引导学生参与到课堂中并积极进行分享和交流，需要教师以新的方式来了解学情，激发学生学习的内驱力，让学生一直处于乐于学习的状态。

二、构建“12＋8＋1”校内外科学实践活动模式

针对科学教育中存在的动手实践不足、运用所学的知识和技能解决实际问题的能力不足、视野仅局限于科学知识等问题，华科附小经过多年的积淀和整合，在校内外科学实践活动方面已经逐步形成了“12＋8＋1”模式，这些活动既有校内科技节活动，也有校外实践活动，在开拓学生科学思维、加强学生创新意识的同时，也关注锻炼学生实际的动手、观察以及解决问题的能力，从而为学生形成良好的科学素养创造了机会、搭建了平台。

（一）“12＋8＋1”校内外科学实践活动模式的概念

“12＋8＋1”校内外科学实践活动模式是一种以培养和发展学生动手实践能力、解决问题的能力以及创新精神为主旨的实践活动体系。在这个体系中，每位华科附小的学生都有机会参与到由易到难的普及实践活动中，也有机会参与各类要求更高、难度更大的竞赛提高类活动。

(1) “12”——12 个科学普及活动。每学期举行 1 次校园科技节，每个年级均安排 1 个科学普及

活动，这样从低年级到高年级，每个学生都要经历由易到难的 12 个科学普及活动。

(2) “8”——8 个校外实践活动。从三年级开始，一直到六年级，每学期都安排 1 次校外实践活动，这些活动分为节日跟随活动和教材跟随活动。这样每个学生都可以经历 8 个校外实践活动。

(3) “1”——1 项科学特长。主要是通过科学魔法表演、观鸟、头脑奥林匹克、航海模型、车辆模型、航空模型、七巧板制作与创意、建筑模型、电子制作、小课题研究、自由研究、小发明创意等科技节活动培养学生形成 1 项自己的科学特长。

(二)“12＋8＋1”校内外科学实践活动的实施

1. “12＋8＋1”校内外科学实践活动的内容

12 个科学普及活动分别安排在每学期的科技节中，从一年级到六年级，每个年级每学期的普及活动都不相同；8 个校外实践活动从三年级开始，每学期每个年级都有 1 个不同的活动；1 项科学特长的学习和训练分别安排在平时的社团活动中和周五的“快乐周末”活动时间，科学特长在相应的比赛活动和科技节活动中都有展示。对于每个学生而言，从一年级到六年级，要经历 12 个科学普及活动和 8 个校外实践活动，还可以选择 1 项自己所喜欢的竞赛提高活动，形成 1 项科学特长。部分活动的具体设置见表 45。

表 45　科学实践活动具体设置

<table>
<tr><th>活动</th><th>学期</th><th>活动类型</th><th>一年级</th><th>二年级</th><th>三年级</th><th>四年级</th><th>五年级</th><th>六年级</th></tr>
<tr><td rowspan="2">校外实践活动</td><td>上学期</td><td>教材跟随活动或节日跟随活动</td><td rowspan="2">无</td><td rowspan="2">无</td><td>参观植物园</td><td>参观光电实验室</td><td>体验现代农业</td><td>1004 动物日（生科院）</td></tr>
<tr><td>下学期</td><td>教材跟随活动或节日跟随活动</td><td>323 气象日（省气象局）</td><td>422 地球日（地大博物馆）</td><td>312 植树节（华科校园）</td><td>参观喻家山泉水厂</td></tr>
<tr><td rowspan="4">科技节活动</td><td rowspan="2">上学期</td><td>科学普及活动</td><td>欢乐七巧板</td><td>泡泡塔</td><td>纸杯建塔</td><td>鸡蛋撞地球</td><td>热气球</td><td>脱离地球引力</td></tr>
<tr><td>竞赛提高活动</td><td colspan="6">科学魔法表演、观鸟、头脑奥林匹克、航海模型、车辆模型、航空模型、七巧板制作与创意、建筑模型、电子制作、小课题研究、自由研究、小发明创意等</td></tr>
<tr><td rowspan="2">下学期</td><td>科学普及活动</td><td>棋子登高</td><td>创意纸船载物</td><td>吸管搭桥</td><td>扑克牌搭建高塔</td><td>纸桌模型制作</td><td>水火箭</td></tr>
<tr><td>竞赛提高活动</td><td colspan="6">科学魔法表演、观鸟、头脑奥林匹克、航海模型、车辆模型、航空模型、七巧板制作与创意、建筑模型、电子制作、小课题研究、自由研究、小发明创意等</td></tr>
</table>

2. “12＋8＋1”校内外科学实践活动的实施步骤

(1) 精准定位。

华中科技大学附属小学的办学目标为“把附小办成一所面向未来，有科学涵养和人文关怀的现代化学校”。从学校的办学目标可以看出，华中科技大学附属小学把科学和人文放在同等重要的位置，从中也可以看出学校发展科学教育的决心。正因如此，学校把每学期的校外实践活动定位于校级活动，而不仅仅是一个学科活动。在学校每学期的工作计划中都要明确列出对校外实践活动的安排，并依照计划开展相关活动。

(2) 活动流程。

每学期的科技节活动以及校外实践活动的开展基本按照以下流程进行:科学组草拟活动方案→科学组与政教处商量、确定活动方案→通过多途径发布活动方案→活动前的准备(人员分工、材料准备、实地勘查、开展培训等)→开展活动→活动总结。

(3) 活动组织。

① 草拟活动方案。学校每学年安排两次科技节,其中,上半年是大型科技节,活动内容项目较多、持续时间可达几周,下半年是小型科技节,活动项目较少、持续时间相对较短。科学组根据学校的安排提前拟定活动方案,并提出对科技节活动的设想,包括相对固定的科学普及活动以及竞赛提高活动,同时根据学生的实际需求以及对以前活动的经验总结,提出新的活动项目。校外实践活动也采取类似的方式。

② 确定活动方案。根据之前草拟的方案,科学组与学校政教处共同商量、确定活动方案。主要包括确定活动的时间、主要内容以及活动中要注意的细节问题等。

③ 发布活动方案。通过召开会议、在 QQ 工作群发布信息、与相关人员单独交流以及张贴海报等途径,让教师和学生知晓活动的时间、主要内容等,让科技节活动和校外实践活动真正成为学生期待的活动。

④ 活动前的准备。科技节活动前的主要准备工作有:人员分工(把每个教师安排到合适的岗位)、材料准备、开展培训(培训学生初步掌握活动规则以及活动技能)、场地布置(主要是布展和布置竞赛场地)等;校外实践活动前的主要准备工作有:联系活动地点并实地勘查(带教师进行实地考察,提出需要关注的问题等)、制作实践引导单(引导学生进行实践活动,让学生带着一定的目的去开展实践活动)、开展培训(主要为分发和解释实践引导单,对学生进行一些技能的指导,如怎样做记录、怎样写自然笔记等)。

⑤ 开展活动。按照计划开展科技节活动和校外实践活动。科技节活动主要有开幕式、活动实施、颁奖、闭幕式等环节。校外实践活动主要有活动实施、学生优秀作品展等环节。

⑥ 活动总结。主要是组织者和实施方对活动过程进行总结,提出成功之处以及需要改进的地方,并为下一次活动提供一些实际可行的经验。

(三)"12+8+1"校内外科学实践活动的特点

1. 全员参与

科技节活动和校外实践活动给每个孩子提供了一个交流展示的平台,学生既可以参加科学普及活动,也可以参加竞赛提高活动;既可以亲密接触大自然,也可以接触现代科技,还可以展示自己与众不同的思维和视角。总之,每个学生都能够在活动中找到自我,与自我、环境、伙伴们对话,实现自我发展。

2. 循序渐进

仔细分析附小所设置的科技节活动项目和校外实践活动项目,可以看出:这些活动的设计符合学生身心发展的特点,由简单到复杂、由易到难。如一年级的科学普及活动是欢乐七巧板和棋子登高,随着学生年龄的增长,动手能力的不断提高,到了六年级,他们的科学普及活动则升级为脱离地球引力和水火箭。这样的设计不仅符合学生的身心特点,而且更有利于调动学生的积极性,同时也有利于学生发展。

3. 不断创新

科技节活动项目和校外实践活动项目并非是一成不变的,根据学生对活动的喜好程度以及校外活动的教育资源,附小会适时调整活动项目。如果相对固定的科学普及活动和校外实践活动不再受学生欢迎，那么这些活动项目就会更换为更能促进学生发展的新项目。科技节活动项目的创新速度在加快，甚至每年都有变化。如小课题研究成果展、航模表演、亲子擂台赛、家庭小实验展示、科学小游戏等，每学年的科技节根据主题的侧重点不同会设计一些新的活动项目。

(四) 实施"12+8+1"校内外科学实践活动的积极意义

1. 促进学生学以致用，形成探究的学习习惯

科学本身就是一门需要学生自己去发现、观察和探究问题的学科。"12+8+1"活动模式中设置了各种各样的活动，丰富了学生们的校园生活，学习不再是仅仅发生在小小的科学教室里。科技节活动要求所有的学生参加，学生可以亲自体验活动的过程，在参与活动的过程中也可锻炼自身观察和分析问题、收集相关信息、解决问题的能力。小学科学的学习在于科学素养的形成，科学素养的形成不仅仅需要课堂理论知识的学习，也需要参与课外实践活动。这些课外实践活动与课堂理论知识的学习形成了完美互补，有效改善了我国小学科学教学重知识、轻实践的弊端，同时在实践活动中也进一步巩固和应用了所学的科学知识。

2. 开阔学生视野，形成科学态度和意识

以节日跟随活动——323 气象日活动和教材跟随活动——参观喻家山泉水厂活动为例。

323 气象日活动是根据"世界气象日(World Meteorological Day)"设计的活动，在世界气象日(3 月 23 日)，学校组织三年级的学生到湖北省气象局科普馆进行气象日科学实践活动，让学生了解气象日的由来，增强学生应用气象信息的能力，让学生了解与天气和气候相关的知识，明白天气与人类密切相关，且有些灾难性天气是可以预知的。

喻家山泉水厂活动是学校组织六年级的学生参观喻家山脚下的喻家山泉水厂。水厂讲解员首先带领学生进入回收桶消毒区域，介绍回收的水桶要经过十几道工序后才能被再次使用；接着详细地介绍纯净水的制作流程，同时学生们还了解到桶装水是不能马上开封使用的，必须放置 24 个小时后，才能使用。该活动可使学生增长见识、开阔眼界，意识到"保护水资源人人有责"。

三、国家课程校本化开发和实施带来的成效

自附小"12+8+1"活动模式开展以来，众多学生体验到了科学的乐趣，并且愿意去思考、构建自己的科学知识体系，在各种系统的科学活动训练中形成自己的学科特长。学生在各项竞赛活动中取得了优异的成绩，其中学校头脑奥林匹克代表队在世界比赛中获得银奖；学生在全国青少年航海模型锦标赛中获得银牌 2 块、铜牌 1 块，获一等奖的有 7 人、获二等奖的有 8 人；学生在"七巧科技"系列活动全国总决赛团体比赛中荣获冠军和一等奖各 1 次；在省、市其他各项科技比赛中，附小学生的成绩也引人注目。这些成绩的取得在无形之中更加促使学生和教师花更多的时间和精力去设计和参与更多的科学活动，而教师和学生的这些努力会给附小带来更多的荣誉。这就让附小学生对科学的学习形成了一个良性循环，在这样的环境里更有利于培养学生们对科学的兴趣，也有利于学生科学素养的形成。

构建和实施"测查、激趣、挑战、反馈"单元教学模式的过程也给附小科学教师的教学思想和行为带来了一些变化，这种变化主要体现在：教师更为关注学生的前概念水平、学生学习动力的产生条件和持续时间、学生学以致用的能力、学生学习科学的态度等方面。在探究新的单元教学模式期间，科学组教师参与编写了两本科学教育方面的书籍；在专业杂志上发表论文案例 8 篇；在全国论文案例评比中获一等奖 8 篇、二等奖 5 篇；在省、市论文案例评比中获一等奖 5 篇；在全国科学优质课评比中获

特等奖1次、三等奖1次；在全国说课比赛中获一等奖1次；在省、市教师科学探究大赛中分别获得一等奖1次等。

近些年来，国家对科学课程的关注越来越高，科学课程也承载着让学生形成和发展科学素养的重要责任。在国家课程校本化的开发和实施过程中，科学组教师探索出了一套符合学生特点和学校特点的“测查、激趣、挑战、反馈”单元教学模式和“12＋8＋1”活动模式，这两种模式在实践中不仅促进了教师的成长与进步，也得到了学生和家长的认可。

参考文献

[1] [美]兰本达，等. 小学科学教育的“探究-研讨”教学法[M]. 陈德彰，等译. 北京：人民教育出版社，2008.

[2] [美]国家研究理事会. 美国国家科学教育标准[M]. 戢守志，等译. 北京：科学技术文献出版社，1999.

[3] [英]温·哈伦. 科学教育的原则和大概念[M]. 韦钰，译. 北京：科学普及出版社，2011.

[4] 高向斌. 发生在课堂上的科学故事——美国小学科学课教学模式研究[J]. 学科教育，2002(1).

[5] 水卿梅. 教育游戏在小学科学教学中的应用与探究[D]. 成都：四川师范大学，2011.

[6] 郑松南. 浅谈小学科学教学中创新思维能力的培养[J]. 2009年广东省青少年科学素质培养的实践和探索优秀论文选编，2009.

[7] 张晓星. 应用混合学习模式改革小学科学教学[J]. 中国教育技术装备，2008(17).

[8] 刘克健. 小学科学教学中课程资源的开发与利用[J]. 南京晓庄学院学报，2005(6).

[9] 王磊钢. “小学科学课程”教材处理策略[J]. 湖南第一师范学院学报，2012(6).

[10] 蒋璐敏，袁德润. “科学探究”的内涵、实施与小学科学教师的培养[J]. 教育探索，2011(1).

[11] 闫蒙钢，朱小丽，孙影. 美国STC教材与我国小学科学教材的比较[J]. 比较教育研究，2009(2).

[12] 张波. 从科学探究角度比较分析人教版小学科学教材与美国STC教材[D]. 桂林：广西师范大学，2013.

[13] 高霞. 科学探究在中、美两国小学科学教材中体现的比较研究[D]. 南京：南京师范大学，2002.

[14] 高霞. 美国STC教材简介[J]. 外国教育研究，2002，29(3).

[15] 张军. 走近美国科学课程[J]. 探秘(科学课)，2012(12).

综合实践活动课程校本化开发策略

华中科技大学附属小学　许燕　马玉龙

【摘要】 教育者要深刻理解综合实践活动课程，借助教与学方式的改变，推动学科发展，促进学生成长和终身学习。在研究综合实践活动课程、道德与法治（品德与社会）课程、头脑奥林匹克活动，两门课程、一个活动之间的交叉与融合点的基础上，课题组进行了综合实践活动课程的校本化开发，通过寻找与整合课程资源、确定课程目标体系、形成合作学习模式、构建整合性活动等，开发了融合性校本课程——慧心课程，这对综合实践活动课程的构建与实施有着重大的意义和价值。

【关键词】 综合实践活动课程；校本化；资源整合

综合实践活动课程分为指定领域和非指定领域，其中指定领域包括研究性学习、劳动与技术、信息技术、社区服务与社会实践；非指定领域包括班团队活动、校传统活动（科技节、体育节、艺术节等）、心理健康活动等。在综合实践活动课程的深入推进中，如何合理、有效地进行课程资源的整合，开发出符合学校特色的综合实践活动课程，是一个有价值的研究课题。

在教育教学中可以发现，综合实践活动课程、道德与法治（品德与社会）课程、头脑奥林匹克活动之间存在共同的核心关键词：实践性、开放性、生活性、多元化、过程性、探究性、创新性等，因此对它们进行资源整合是可行的，在深入研究的基础上，课题组开发了融合性校本课程——慧心课程。

慧心课程秉承“大综合”的概念，内容涵盖头脑奥林匹克活动、道德与法治（品德与社会）课程、综合实践活动课程等方面。“慧心”是本课程的最高目标，即“智慧的心灵”——用智慧（创造力、健全的人格）把世界变得更美好。本课程设计直接来源于附小“平衡发展，快乐成长”的培养目标，倡导全人教育，力图打造附小学生心目中最好玩、且让学生终身受益的课程。慧心课程的开发既有益于对学生思维品质、协作精神、综合素养的培养，又能提升教师的课程意识、课题研究能力。现将慧心课程校本化开发的策略总结如下。

一、寻找、整合课程资源

课程资源是课程与教学信息材料的源泉，包括课程与教学所需的素材和条件，指一切具有教育价值并被纳入课程体系、有利于实现课程与教学目的的校内外各种物力、人力、环境和精神等因素。目前对于附小的综合实践活动课程，课程资源既涉及课程四大指定领域的资源，如劳动与技术、信息技术、研究性学习、社区服务与社会实践，也涉及非指定领域的资源，如头脑奥林匹克活动、道德与法治（品德与社会）课程，还包括对其他学科资源的整合开发及利用。

课题组成员经过商议决定，附小综合实践活动课程的校本化开发主要关注三个方面：基于综合实践活动课程指定领域（劳动与技术、信息技术、研究性学习、社区服务与社会实践）的资源整合案例开发研究、基于综合实践活动课程非指定领域（头脑奥林匹克活动、道德与法治（品德与社会）课程等）的资源整合案例开发研究、基于综合实践活动课程与其他学科资源的整合案例开发研究，即整合包含三大内涵：融合与统整、分类与积累、共享与交流。

首先，教师们运用文献研究法对综合实践活动课程的校本化实施进行了整体规划，研读了相关整合课程的资源特性，基本制定了课程实施计划、教室管理方案等。其次，课题组教师通过同课异构、改编长期题、进行多元评价等多方尝试，积累了大量教学案例与反思结果，采用案例研究法研讨了课程校本化实施过程中资源整合的优势与不足，并及时进行反馈和修订。然后课题组成员在大量的实证研究中逐步完善了校本化实施方案，将诸多文本资源创造性地试用于常规教学，在反复实践中，不断摸索、归纳、总结、完善校本课程的课程资源。

二、确定课程目标体系

慧心课程体系构建从目标开始，目标包含人与自我、人与文化、人与自然、人与社会四个维度。依据年级学生特点及课程内容，遵循价值内化从低到高的规律，四个维度在横向排列上呈现一定的相关性。本课程目标定位为对知识的重构与创建，而非对知识的积累与再现，并关注学生五个方面能力的提升：对文本的阅读理解能力、写作能力（编写剧本、广告词）、创造能力、制作能力（科技制作、道具制作、绘画）和表演能力（歌唱、舞蹈、口头表达、情景剧）。秉承"从生活出发"的理念，让所列目标均贴近儿童生活，同时融合道德与法治（品德与社会）课程、综合实践活动课程及头脑奥林匹克活动的相关目标。慧心课程目标体系体现了慧心教育的核心价值——创造、合作、探究。

慧心课程主张以任务驱动来促进儿童发现问题、分析并有创意地解决问题，让学生成为知识的主动探索者。慧心课程同样践行"三个结合"的理念：动手与动脑相结合、科学与艺术相结合、自然与人文相结合，创新精神和团队精神的培养是本课程的宗旨。

三、形成合作学习模式

慧心课程的校本化开发过程中，教师围绕小组合作学习模式开展了一系列的教育教学研究活动。

慧心课程教学活动大多以小组形式开展，学生在课题组教师的指导下完成了小组组建，每个小组由7～8名性格、特长不一的学生组成，每个小组会取一个别致的组名，并设计队徽、队歌，制定队规等。

思维训练课堂教学中，教师会选取不同类型的思维训练题，让学生按小组来完成练习。一、二年级学生一般2～3人为一个小组，主要开展以观察力、表达力和想象力为主的思维活动；三年级至六年级学生则5人一组，开展以语言类、混合类为主，动手类为辅的思维训练。小组学生在完成任务的过程中，必须认真聆听题目要求，每位组员按照自己的兴趣、特长从一个或多个角度去联想、去思考，然后小组成员一起商议，将结果用幽默、创意的方式进行展示和表达。思维训练课堂不仅锻炼了学生个人的想象力与动手解决问题的能力，更重要的是让孩子们学会了与队员之间配合：答题时将最简单的答案留给队友，最大限度地用足比赛的时间；接受队长的统一指挥，明确分工，在最短的时间内完成各自的任务。

小组项目学习任务一般会持续一个半月左右。首先小组成员会在教师的指导下进行解题，全体成员共同讨论、制作解题方案、创编剧本；接着队员们会变身为小小设计师和制作家，在一定的成本限制下，进行团队协作，一起动手实践；然后各小组成员会在组长的组织下，分配角色、熟记台词、配好动作、练习对接和走台，在规定时间内试演剧情；最后各组队员带着道具，穿上服装，在班级和年级擂台赛上诠释对题目的艺术解读。在一次次的项目任务学习中，小组成员可以感受到思维碰撞的魅力，从而深刻体会到各尽所长、分工明确的内涵。

对于单元主题式学习活动，课题组教师则会设计不同层次、系列的综合性学习任务，让学生组建4～5人小组来完成。如“精彩的马戏”系列活动，该活动要求学生从马戏团的人员构成、节目编排、地址选择、门票设置、海报制作、场地布置等方面进行探究，最终确定马戏团的表演节目单，并分角色扮演，进行展示。在这个系列活动中，学生需要了解和运用与文化、交通、经济、策划、安全、表演等有关的综合性知识。

四、构建丰富的整合性教育教学活动

慧心课程本着创新与实践的原则，积极打造丰富的整合性教育教学活动。与计算机技术深度整合的iPad课堂——“扫一扫，更精彩”、“时间巧安排”等；与语文学科联合的活动上，孩子们自制道具服装，改编、表演语文书中的课本剧；在校园科技节上，孩子们展示亲手制作的创意科技作品，如废品艺术、未来附小模型等；在深受学生喜爱的综合性“跳蚤市场”活动上，孩子们扮演着顾客和商家的角色，进行二手货和现场制作物品的买卖；结合《品德与社会》课本中“走进身边的劳动者”一节中的“走进身边的各行各业”的社会实践活动，让三年级至六年级的学生代表走进社区的物业，与华科环卫工人进行面对面的交流。整合性活动不仅丰富了孩子们的经历，也让慧心课程绽放出了不一样的精彩。

参考文献

[1] 吴刚平. 课程资源的开发与利用[J]. 全球教育展望，2001(8)：24-30.
[2] [美]米克卢斯，等.《头脑奥林匹克活动丛书》[M]. 刘蕾，等译. 上海：上海辞书出版社，2012.

儿童数字文化创作课程
——Scratch 与创意设计

华中科技大学附属小学　毛爱萍

【摘要】 本文阐述了附小"十二五"课题个性化整体开发研究中，对信息技术校本课程、儿童数字文化创作课程"Scratch 与创意设计"的研究与实施过程，提出了变革信息技术课程的方向和初步设想。

【关键词】 校本课程；程序设计；Scratch

随着计算机技术和互联网的迅速发展，中小学信息技术课程教学开始从"单一的技能训练"逐步转向"信息素养的培养"，学校开始注重中小学生的创新思维训练和创新能力的培养。尤其是在新理念的指引下，要有新的课程作为支撑，由此做好校本课程的开发和实施就显得尤为重要。本文是在已开发的校本课程的基础之上，以华中科技大学附属小学六年级 6 个班的学生作为教学的研究和实施对象，通过具体的教学案例探索"为创作而教"在"Scratch 与创意设计"课程中的具体实施，为学校开展 Scratch 教学提供理论依据和实践案例，从而促进 Scratch 程序教学的普及和推广。

一、信息技术课程指导纲要的分析

2000 年国家教育部制定的《中小学信息技术课程指导纲要（试行）》中指出，信息技术课程的设置要考虑学生心智发展水平和不同年龄阶段的知识经验和情感需求。小学、初中和高中阶段的教学内容安排要有各自明确的目标，要体现出各阶段的侧重点，要注意培养学生利用信息技术对其他课程进行学习和探讨的能力。努力创造条件，积极利用信息技术开展各类学科教学，注重培养学生的创新精神和实践能力。

义务教育阶段的信息技术课程是在 2000 年教育部制定的《中小学信息技术课程指导纲要（试行）》所规定的内容以及 2003 年提出的高中课标理念的指导下进行设计的。显然，在课程中，不免会出现由于教学内容陈旧、教学方法陈腐，而无法满足学生需求的情况，导致出现学生喜欢信息技术却不喜欢信息技术课的现象。

二、校本课程开发观点

高度信息化的时代，对肩负着培养"数字土著"一代的信息技术课程提出了更高的要求。目前，小学信息技术课程中的某些内容陈旧单薄，支撑信息技术课程建设的文化基石脆弱。当信息技术课程的内容并不能适应学生的发展时，校本课程的开发和实施的研究可以解决目前信息技术课程发展令人不满意的现状和提供满足儿童需要的课程。

通过对纲要和现有教材的分析，可以从满足学生的需要和培养学生的文化素养、创新能力来丰富、改进和拓宽现有的信息技术课程。因此，附小对信息技术课程的教学内容进行了局部调整，对教材中的知识进行了选择、重组、拓展、补充和整合。2010 年，附小教师开发了基于 Scratch 平台的儿童数字文化创作课程——Scratch 与创意设计，教学重心改为了对数字文化的创作，而不仅是对信息技术的操作学习，对操作的学习融合在了作品创作过程中，课程的开展为孩子们创造了环境，学生可以去设计和创造属于自己的数字作品，这也是附小进行课程开发和实施研究的出发点。

三、课程总体目标

参照《儿童数字文化创作课程的目标体系》和《儿童数字文化创作课程内容结构》拟定出以下目标。

第一，基于 Scratch 平台创作出反映学生自己思想和观念的数字作品，提升儿童的创新能力和数字文化素养。

第二，通过丰富的 Scratch 案例学习，培养 21 世纪学生的学习能力，包括处理信息、与人交流、思考和解决问题、与他人合作的能力等。

第三，激发学生的创新意识，发展儿童积极向上、适应信息社会发展的品格。

第一个目标指向的是课程的本体，即让学生在这个课程里干什么，强调儿童借助技术对自己思想和观念的表达，以及在这样的表达中对创新能力的培养和自身数字文化素养的提升。

第二个目标指向的是课程的能力培养，主要是培养适应 21 世纪社会的各方面的能力。

第三个目标指向的是培养什么样的人，强调让儿童借助技术对自己的思想进行表达，培养能在信息技术高度发达的社会里积极生活的人。

四、部分课程内容及课时

基于对以上分析，教师选择儿童喜爱的动画、音乐、绘画作品、游戏以及交互式故事等数字作品来构建课程内容，将信息技术的学习融入在对数字文化作品的创作中。部分课程内容及课时如表 46 所示。

表 46　课程内容及课时

上学期		下学期	
课　　题	课时(建议)	课　　题	课时(建议)
第一课　认识新朋友	1 课时	第十七课　过大年	3 选 1，3 课时
第二课　变变变	1～2 课时	第十八课　春来了	
第三课　会说话的图片	自学	第十九课　开幕式点火	
第四课　学习和分享	1 课时	第二十课　打鲨鱼	3 选 1，3～4 课时
第五课　机器人跳舞	1 课时	第二十一课　射气球	
第六课　明明的思考	1～2 课时	第二十二课　敲小猫	
第七课　鱼儿水中游	1 课时	第二十三课　两只老虎	1 课时
第八课　一起跳蹦床	1 课时	第二十四课　跃动的旋律	2 课时
第九课　跳舞的女孩	1～2 课时	第二十五课　炫酷的音乐盒	1～2 课时
第十课　胖胖贪吃鱼	1 课时	第二十六课　投票选举	1 课时
第十一课　拦球	自学	第二十七课　电子点单	自学
第十二课　神奇的图章	1 课时	第二十八课　趣味摇奖	1～3 课时
第十三课　万花筒	1 课时	第二十九课　猫抓频道	自学
第十四课　神秘的花园	自学	第三十课　小导演	自学
第十五课　音图	自学	第十六课　迎新年	1～3 课时

五、教学方法

在开展 Scratch 儿童数字文化创作课程的开发与实践研究时，附小教师借鉴了华南师范大学附属小学王继华老师提出的“为创作而教”的教学方法，在教学实施过程中尝试开发了两阶段、四环节的教学模式并进行课堂教学实践，具体流程如图 17、图 18 所示。

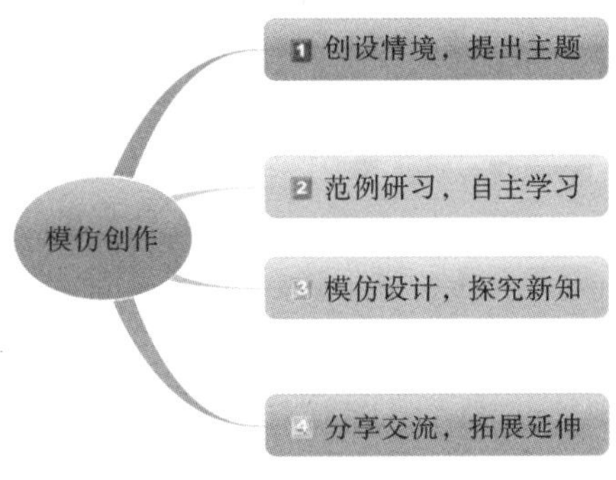

图 17　模仿创作阶段教学流程

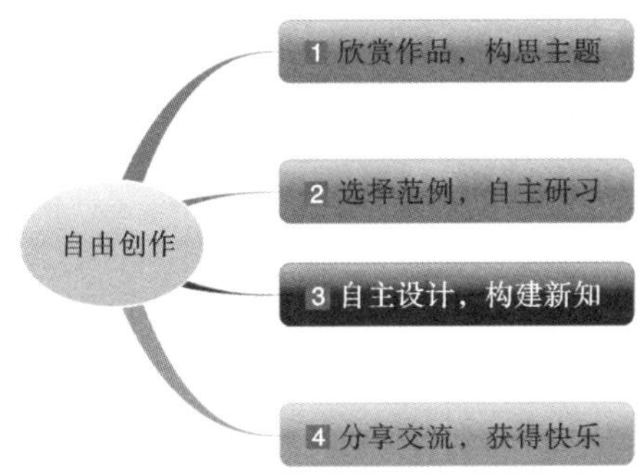

图 18　自由创作阶段教学流程

课堂教学中，教师采用的教学方法有直观演示法、范例教学法、支架教学法等，学生主要通过观察发现、自主研习、模仿尝试、同伴互助等方法表达自己的思想、情感和习得的知识。

六、子课程实施研究主要解决以下问题

（一）国家课程内容调整和校本课程实施课时安排

在武汉版教材中，五年级用 15 课时来学习 LOGO 语言。附小教师去掉了该课程，并将六年级的主要学习内容调整到五年级学习。另外，附小教师还去掉了六年级教材中的一些学习内容，如去掉了学习 FrontPage 中的简单网页模块的制作，去掉了对 QQ 软件的学习，对于 QQ 软件，学生可在课下轻松掌握，另外还减少了对 Excel 电子表格的学习和 Flash 动画制作的课时。对国家课程中的学习内容进行了调整后，六年级的课时被腾出来实施校本课程。

程序设计作为一门抽象性和实践性很强的课程，课时的安排既要合理，又要实际，少了，学生达不到深度学习，效果较差；多了，学生会失去对学习的兴趣，产生厌学情绪。由此，课时安排为每周一节课，上、下学期共 32 课时。除此之外，教师利用学校周末活动课的一小时，为特别喜欢 Scratch 程序学习的学生提供更多的学习机会。

（二）完善校本教材教学案例中学习目标的设置

课程目标是依据国家教育方针与本校教育目标和学科特点而制定的具体目标。

附小教师参照《儿童数字文化创作课程的目标体系》拟定了信息技术校本课程的总体目标。在课程总体目标的指导下，教师在课程实施过程中根据学生学习的实际情况，针对附小特定的学生群体，对单元目标和分课时目标进行了局部修改和调整，解决了部分范例教学中学习目标不明确的问题。

课程开发前期，有时学习目标设置得过多，在教学时间不够的情况下，学生难以达成，教学效果欠佳；有时学习目标面面俱到，却没有侧重点；有时学习目标过于笼统空泛，不具体。课程开发过程中，教师依据教学内容重新拟定学习目标，使课程目标全面、具体和明确。有了明确的目标，课堂教学将变得更有方向，课堂效率也将提升。改进后明显发现，在有限课堂时间内学生完成的作品数量增多，学生对编程的兴趣也提高了。学校应关注不同层次的学生，培养其个性，为他们提供更大的创意思维训练空间。

（三）补充教法使教学形式多样化

在“为创作而教”的理念指导下，教师在实施教学过程中，根据不同教学内容，依照学生的心理特点和认知规律，在原有的范例教学法和基于设计的学习等基础上，新增了游戏化学习、情景导向学习、探究式学习等多种形式，以高效地进行课堂教学，培养学生发现和解决问题的能力，收到了良好效果。课题研究中，根据内容和学生实际学习情况来选择最佳学习方式和指导方式，培养学生的创新能力和促进学生的个性化发展。如：利用范例教学法学习“跳舞的女孩”一课；基于设计学习“变变变”一课；利用情境导向学习法学习“趣味摇奖”一课；基于探究式学习法学习“神奇的画笔”一课；利用游戏化学习方式学习“冰雪奇缘”一课等。其中“跳舞的女孩”和“冰雪奇缘”两课的教学案例还发表在中国信息技术教学杂志上。

七、相关思考

“十二五”课题期间，本课题虽然取得了一定的研究成果，但是在研究过程中还存在一些值得思考和改进的地方，如：本课题是在个人思考范围内所做的研究，不免存在局限性，课程体系还有待进一步完善；没有研究如何组织学生进行自评互评，教师如何评价学生作品，相关评价体系有待研究；没有明确课堂教学实施过程中，如何更好地引导学生进行自我思想的表达，以发挥学生的创造性思维；没有明确如何分类、管理学生作品，并将学生作品作为一种新的教学资源；没有明确如何更好地组织 Scratch 2.0 版本的在线教学和在线评价。

华中科技大学附属小学一直在寻求信息技术教育的突破，期望改变“教操作”的低层级教学现状。2010 年 9 月，教师开始尝试“Scratch 与创意设计”课程的开发和实践，在相关杂志中发表数篇教学论文和案例。总体来讲，校本课程“Scratch 与创意设计”受到了学生的喜欢和家长的支持，取得了意想不到的良好成效。鉴于儿童数字文化创作课程的理论及“为创作而教”的方法对于附小信息技术学科的积极影响，附小教师认为该成果值得大力推广，附小的信息技术教育也开始了向儿童数字文化创作课程的全面转型。

参考文献

[1]《国家中长期教育改革和发展规划纲要(2010—2020 年)》.

[2] 吴向东,王继华. 儿童数字文化创作课程的目标体系[J]. 中小学信息技术教育，2010,(9).
[3] 王继华,吴向东. 儿童数字文化创作课程的背景、观念、设计和案例[J]. 中小学信息技术教育，2010,(1).
[4] 王继华,吴向东. 儿童数字文化创作课程的内容结构[J]. 中小学信息技术教育，2010,(10).
[5] 毛爱萍. 谈《儿童数字文化创作课程 Scratch 程序设计》的教学内容与模式[J]. 中国信息技术教育，2013,(1).

快乐圆梦在周末

华中科技大学附属小学 “快乐周末”选修课程课题组

【摘要】 华中科技大学附属小学作为部属高校附属小学，多年以来都尝试从校本课程的途径促进学校的发展。附小本着“给孩子完美的童年，让师生完满地成长”的理念，积极创造科学、和谐、快乐的人文环境，以让学生“平衡发展，快乐成长”为目标，以“快乐周末”校本课程建设为突破口，深入挖掘课程价值，对于学生素质的提高、人际交往的改善，还有家长与学校之间的关系改善，起到了较大的促进作用，在保证学生健康、全面、快乐成长的同时，努力实现学生潜力的最大发挥，同时为教师的职业发展提供了广阔的舞台。

【关键词】 快乐周末；课程价值；课程结构

一、“快乐周末”校本课程开发的背景与实施情况

（一）“快乐周末”校本课程开发的背景

附小作为部属高校附属小学，多年以来都尝试从校本课程的途径促进学校的发展。同时，附小管理者出于对学校发展的责任感和使命感，提出让附小与华中科技大学教育科学研究院合作，研究院对附小校本课程的开发进行了指导和研究。“快乐周末”校本课程就是在这样的背景下产生的。

（二）“快乐周末”校本课程开发的实施情况

1. “快乐周末”校本课程开发的过程

(1) 校本课程开发的起动阶段。

附小在2012年6月开始与华科大教育科学研究院合作，进行“个性化课程多元理解与整体开发研究”，开始校本课程的开发。其中，“快乐周末”活动课程得到了学校管理层的高度重视，并且尽最大的努力为学生和教师提供优质的资源。

(2) 校本课程开发的初步实施阶段。

① 调查学生需求。首先，附小在开发校本课程之前，对学校学生的兴趣进行了问卷调查，充分地了解了学生的需要。相关教师对问卷进行了录入和分析，并将分析结果反馈给其他每一位教师；然后教师根据学生的兴趣和需求，再结合自身的学科背景和兴趣开发校本课程，提交课程计划和课程方案。学校对开发的校本课程进行筛选，选择优秀的课程方案，在全校进行公示。随后，学校设置网上选课系统，让学生自主选课，同时家长也参与到选课过程中，帮助学生进行网上选课，这也让家长对学校开设的校本课程有了全面的了解。对于选课扎推和系统繁忙等情况，学校技术部门及时处理了这些问题，对选课系统进行了有效管理，保证其正常运行。最后，开始在全校试行“快乐周末”活动课程。

② 课程初步分类。通过调查学生需求，结合学校的特色和资源，初步开发了10大类，共约60门课程。

(3) 课程实施阶段。

“快乐周末”校本课程采用走班制的上课形式，不同于以往固定的班级形式。每一个班级有两名教师，一名负责教学，另一名为助教。在课堂中，教师采用的教学方法有讲授法、小组合作法等。

2. “快乐周末”校本课程开发的管理和组织

(1) 课程开发的管理。

附小“快乐周末”校本课程的开发由李校长负责宏观指导；由刘校长负责具体实施，即进行课程目标、课程内容、课程结构的确定，以及后期的调研和总结工作；由杨校长和胡主任负责课程实施过程中的教师管理和学生管理工作。

(2) 课程开发的组成。

附小全体教师、部分外聘的专业培训机构的教师和家长共同参与了课程开发，同时部分课程专家也对开发过程进行了指导。这种多方面参与的合作形式，反映了校本课程的开发是一个民主开放的课程决策过程。

(3) 课程评价。

校本课程的开发是一个不断完善的过程，课程开发的每一步都需要评价的指导。在“快乐周末”校本课程的开发过程中，许多教师指出，当前所遇到的主要困难是如何对校本课程进行评价，这是关系到校本课程开发的目标能否实现的一个至关重要的问题。目前对于“快乐周末”校本课程的评价还没有形成系统的评价形式，只是局限在教师对学生的课堂评价。为此，附小的管理层和教师开始与大学的教育科学研究院合作，共同建立评价体系，以获得有效的信息，更好地指导“快乐周末”校本课程的开发与实施。

二、课题中核心概念的界定

1. 课程概念

(1) “快乐周末”校本课程首先是校本课程。

我国所倡导的“校本课程”的内涵不同于地方分权制国家的“校本课程”，它不与“国家课程”和“地方课程”相违背，而与“国家课程”和“地方课程”相补充。“校本课程”与“国家课程”和“地方课程”内在统一，共同支撑起我国素质教育课程体系的大厦。在这种前提下，附小的“快乐周末”校本课程无疑是属于校本课程范畴的。

(2) “快乐周末”校本课程基本上是活动课程。

在价值导向上，“快乐周末”校本课程上接学生培养目标，下接学生快乐成长。附小力图在“快乐周末”校本课程的时间里还原学生完美的童年，让学生接受全人教育。因此，“快乐周末”校本课程的形式大多也与国家课程相异，多采用活动课程的形式，让学生在小组合作和主题研讨中自我成长和相互协作。

2. 课程价值

课程价值，即课程能满足课程主体(人和社会)的一定需要，课程价值是主体与课程的需要与课程具有满足这种需要的关系的反映。

3. 课程结构

课程结构，指课程体系中所包含的各种课程要素，以及各要素之间所形成的关系形态，即课程类型之间的关系形态、科目之间的关系形态、科目内容之间的关系形态、课程规定性与开放性之间的关系形态等。

4. 课程开发

课程开发,指依据设定的课程目标和预订的课程机构,搜集现有的课程资源进行课程的整合,在提高教师专业能力的同时推进符合学生个性发展的课程,使得学生的能力得到全面发展。

三、"快乐周末"校本课程开发的理论基础

"快乐周末"校本课程的开发结合了学生的发展方向、教师的专业与能力、学校政策的支持以及华中科技大学得天独厚的学术研究氛围等资源,其理论基础可以从两个方面来阐述:人的维度和课程的维度。

(一) 人的维度

从人的维度上看,附小的"快乐周末"校本课程理论可以分为学生发展的理论和教师专业发展的理论。学生发展的理论主要是日本学者小原国芳的全人教育理论和杜威的"从做中学"理论,教师专业发展的理论主要是伯林纳的五阶段发展论。

1. 全人教育理论

全人教育是指充分发展个人潜能以培养完整个体的教育理念与模式。全人教育的基本特征有:整体性,包括一个人生理上、心理上以及精神上的整合;发展性,教育会对人一生的发展产生影响,这是一个长期持续的动态过程;转化性,转化的意义特指质的改变,即内在的改变,而不只是以外在改变为表征的量的变化。正是人的这种质的变化,将永远地改变一个人与他人、社会、环境、自然、生活和学习的关系,这就必然改变人的生活以及人生活的整个世界。

2. "从做中学"理论

杜威根据自己的教育理论与实践,提出了"从做中学"的方式。这种方式对于儿童的成长和发展有着三个现实意义:第一,"从做中学"是自然的发展进程的开始;第二,"从做中学"是儿童的天然欲望的表现;第三,"从做中学"是儿童的真正兴趣所在。

3. 伯林纳的五阶段发展论

伯林纳认为教师的职业发展是从没有教学经验的新手,成为经验丰富的、能随机应变的专家型教师的发展过程。教师的发展阶段分别为新手、进步的新手、胜任、能手和专家。

(二) 课程的维度

1. 校本课程理论

校本课程的理论以廖哲勋的校本课程开发观为代表。校本课程开发活动是以学校为基地而展开的由课程设计、课程实验、课程评价、课程管理等重大活动组成的一种系统工程。这种系统工程的突出特点是:专业性强(它必须符合课程论的基本要求)、难度很大(许多人都没有干过此事)、各有特色(各校情况有显著差异)。这三大特点要求校本课程的开发必须坚持规范性、注意灵活性、强调创新性。

2. 活动课程理论

无论是杜威的活动课程思想还是我国课外活动的实践研究,它们的共性是:第一,重视学生的主体性;第二,强调学习直接经验;第三,加强活动在课程中的地位和作用。而新型活动课程就吸收了两

种活动课理论的合理内容，它把活动课程纳入课程计划，作为课程体系的有机组成部分，这是课程改革的最新发展趋势，是我国基础教育由应试教育向素质教育转轨的重要举措。

设置活动课程的理论依据如下：一是社会发展的客观需要，满足素质教育的要求；二是课程理论发展的内在需求，依据课程结构优化原理；三是辩证唯物主义认识论、实践论；四是心理学活动理论；五是脑科学动手操作活化右脑的基本原理。活动课程的实践性、自主性、综合性和开放性体现了其本质特点，这也是其区别于学科课程和国家课程的鲜明标志。

四、本课题的研究方法

（一）行动研究法

行动研究法是根据实际工作者的需要，由研究者和实际工作者共同参与的，在实际工作中进行的，使研究者与实际工作者的角色合一，使研究成果被实际工作者理解、掌握和实施，从而解决教育教学实际问题的一种研究方法。在附小和华科教科院的合作中，教科院教育学所中包括李太平所长在内的五位教师及这些教师所带的研究生长期在附小进行调研、研讨、听课、访谈和问卷调查，为校本课程合作项目的顺利进行搜集了大量的实质性材料和实践性资料。

（二）课堂观察法

课堂观察就是指研究者或观察者带着明确的目的，凭借自身感官（如眼、耳等）及有关辅助工具（观察表、录音录像设备等），直接或间接（主要是直接）从课堂情境中收集资料，并依据资料作相应研究的一种教育科学研究。课堂是学校教育的基本单位，是学校教育真正发生的地方，也可以说是研究教与学最适当的场所，它蕴藏着丰富的、有价值的研究要素。

（三）问卷调查法

通过问卷调查的方式搜集资料是一种快捷有效的研究方法，“快乐周末”校本课程调研小组也采取了这样的形式。

问卷调查的过程是，在附小对学生进行初测，随机选取三年级到六年级的几名学生进行问卷回答。初测后对个别题目进行修改，整理调查结果并和附小教师们再次沟通意见后，得出最终的问卷。问卷回收结果是，共发放354份，回收354份，回收率是100%；其中有效问卷是346份，有效回收率是97.7%，对问卷数据进行分析并对访谈结果进行整理，利用spss19.0对问卷的选择题进行频数和百分数的统计，有效调查情况如表47所示（表中课程类型的分类并非最终课程分类）。

表47　有效调查情况表

变　量	特　征	人数/人	百　分　比
性别	男生	188	54.3%
	女生	158	45.7%
年级	三年级	84	24.3%
	四年级	89	25.7%
	五年级	92	26.6%
	六年级	81	23.4%

续表

变量	特征	人数/人	百分比
课程类型	生活实践类	76	22.0%
	语言运用类	22	6.4%
	思维训练类	28	8.1%
	科学探究类	44	12.7%
	艺术表演类	115	33.2%
	体育运动类	61	17.6%

（四）访谈法

"快乐周末"校本课程后期的评估阶段主要以访谈为主，访谈主题分别为"快乐周末"校本课程之学生篇、教师篇和家长篇。

五、"快乐周末"校本课程结构的分析与构建

（一）"快乐周末"校本课程结构的分析

华中科技大学附属小学基于"平衡发展，快乐成长"的培养目标，为了更好地全方位培养学生的能力，开设了"快乐周末"学生活动课程，作为国家课程的补充，其主要在发展学生的兴趣、培养学生的特长方面发挥作用，为学生感悟生活、回报社会、服务人民以及自己今后的专业发展奠定基础。因此，附小把构建自主开放的校本学生活动课程体系，当作实施素质教育、完成培养目标的一项有效途径，力求让学生在轻松愉悦的状态中，获得兴趣的满足，播下特长的种子，形成生活的能力。

经过三年的探索，附小"快乐周末"课程从无到有，从有到全，目前已经有 10 大类，共约 60 门课程（见表 48）。

表 48　附小"快乐周末"校本课程分类

课程类型	课程名称	课程总数	所占百分比
学科	故事大王、南方沙龙、趣味数学、聊语林、自然体验、英语话剧社、哆啦 A 梦小小日语班、小小主持人班、花儿与少年——旅游攻略、可以帮助谁	10	16.9%
信息	机器人、Scratch 与创意设计	2	3.4%
科学	模力无限、益智思辨、创想号货船	3	5.1%
书法	硬笔书法 1、硬笔书法 2	2	3.4%
艺术	梦想录播室、人声艺术、影子舞蹈、十字绣、艺术创想、手工布艺 DIY、趣味折纸、玩线条、小小漫画家、儿童装饰画、音乐驿站、玩泥巴、韩语及中韩传统文化、创意手工 DIY	14	23.7%
生活	来理财、"小厨"班、辫子述说少女梦、"会话筒"小主持人培训班、观鸟	5	8.5%
实践	手工编织、绘本阅读、一起桌游吧	3	5.1%
游戏	跳棋联盟、趣玩屋、谁与争锋、围棋、国际象棋初级班、国际象棋提高班	6	10.2%

续表

课程类型	课 程 名 称	课程总数	所占百分比
运动	趣多多游戏吧、网球(基础、提高)、武术散打、足球(基础、中级、提高)、篮球(基础、中级、提高)、羽毛球(基础、中级、提高)	13	22.0%
其他	批判性思维课程	1	1.7%

通过对表 49 的分析可看出附小"快乐周末"校本课程的开发已经呈现出如下优点:① 课程分类易于理解;② 课程种类丰富;③ 课程的形态比较全面,对"平衡发展,快乐成长"这个总目标有一个初步呈现。但也有着如下明显的不足:① 看不出清晰的逻辑,有些地方有点混乱;② 分类缺乏一定的理论基础;③ 课程分类的视角不是基于人发展的视角,是从教的角度思考的,而没有从学生生活的角度出发。

(二)"快乐周末"校本课程结构的构建

构建一个课程结构,关键是要有一个核心理念,附小的培养目标是"平衡发展,快乐成长",其立足点是学生的成长与发展,因此教师在构建课程体系时努力将以人为本的教育理念、附小的培养目标与课程结构本身的层次性和逻辑一致性等原则结合起来。

以主体教育思想,泰勒关于人类社会生活的基本划分和《学会生存》中基于终身教育视野而做出的知识领域的划分为基础,构建以"平衡发展,快乐成长"为总目标的课程结构,以个人为中心将课程分为个人与自我、个人与社会和个人与自然三大领域,并按照课程的主要目标将课程具体划分为七个子领域,将该课程结构命名为"三域"课程结构,见图 19。

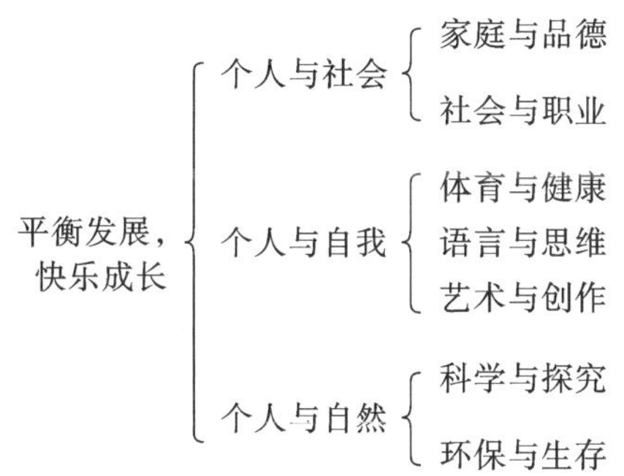

图 19 "三域"课程结构

第一级结构即校本课程总目标"平衡发展,快乐成长",这是"刚",刚举方能目张,而这个"刚"凝集着附小师生和家长的广泛智慧与期望。

第二级是以学生为主体,基于学生与自我,学生与社会,学生与自然来划分三大领域,这三重关系是伴随学生一生的,学生是否能获得快乐的成长,平衡的发展,直接取决于对这三种关系的处理是否得当。

第三级是借鉴经典的分类,将附小现有的科学活动划分为七个子类,每个子类都有一个明确的目标,具体见表 49。

表 49 "三域"课程结构的七个子类

子 类	目 标
家庭与品德	以培养学生与家庭生活和道德涵养有关的品质为主要目的的课程
社会与职业	以让学生了解与社会参与和职业感知有关的内容为主要目的的课程

续表

子　类	目　标
体育与健康	以满足学生身心健康发展需要为主要目的的课程
语言与思维	以提升学生语言和思维能力为主要目的的课程，充分体现学习的趣味性
艺术与创作	以激发学生艺术欣赏与动手创作热情为为主要目的的课程，指向创造性形成
科学与探究	以塑造学生独立思考和主动探索的个性为主要目的的课程
环保与生存	以拓展学生保护环境和关注人类生存境况的视野和意识为主要目的的课程

按照“三域”课程结构对现有的约60门课程做一个分类，得到的结果如表50所示。

表50　课程分类表

总目标	主领域	子领域	具体课程
平衡发展，快乐成长	个人与社会	家庭与品德(2)	“小厨”班　可以帮助谁
		社会与职业(5)	小小主持人班　梦想录播室　小小漫画家 来理财　“金话筒”小主持人培训班
	个人与自我	体育与健康(12)	网球(基础班)　网球(提高班)　武术散打 足球(基础班)　足球(中级班)　足球(提高班) 篮球(基础班)　篮球(中级班)　篮球(提高班) 羽毛球(基础班)　羽毛球(中级班)　羽毛球(提高班)
		语言与思维(18)	故事大王　英语话剧社　聊语林 绘本阅读　韩语及中韩传统文化　哆啦A梦小小日语班 趣味数学　南方沙龙　跳棋联盟 趣玩屋　谁与争锋　益智思辨 一起桌游吧　趣多多游戏吧　围棋 国际象棋初级班　国际象棋提高班　批判性思维课程
		艺术与创作(14)	硬笔书法1　硬笔书法2　影子舞蹈 手工编织　辫子述说少女梦　十字绣 艺术创想　手工布艺DIY　趣味折纸 玩线条　创意手工DIY　音乐驿站 玩泥巴　儿童装饰画
		科学与探究(4)	创想号货船　模力无限　机器人 Scratch与创意设计
		环保与生存(4)	人声艺术　观鸟　自然体验 花儿与少年——旅游攻略、可以帮助谁

通过进一步分析，可以发现附小的“快乐周末”校本课程具有如下特点：① 所开课程数目较多，种类较丰富，非常关注学生自我的发展；② 不同领域之间差异非常大。个人与自我领域课程超过三分之二，语言与思维、艺术与创作类课程尤其丰富，这与附小将科学与人文相融合的办学特色一脉相承，而且“快乐成长”的价值充分彰显。但是个人与社会、个人与自然两个领域的课程较少，表明现有课程对于学生与社会和自然等环境的在知、情、意、行的互动方面需要加强，这样才能体现“平衡”的价值和学生主体个性的全面发展。

六、“快乐周末”校本课程开发的价值探索

结合对“快乐周末”校本课程前期的价值探索，通过对学生进行问卷调查，与学生、教师、家长、学校管理者谈话，并对附小“快乐周末”校本课程进行实地调研，从学生、家长、教师和学校四个方面去探索“快乐周末”校本课程开发和实施的价值。

（一）“快乐周末”校本课程对学生发展的价值

基于数据分析，将从六个方面探讨附小“快乐周末”校本课程对于学生发展的价值（见图 20）。

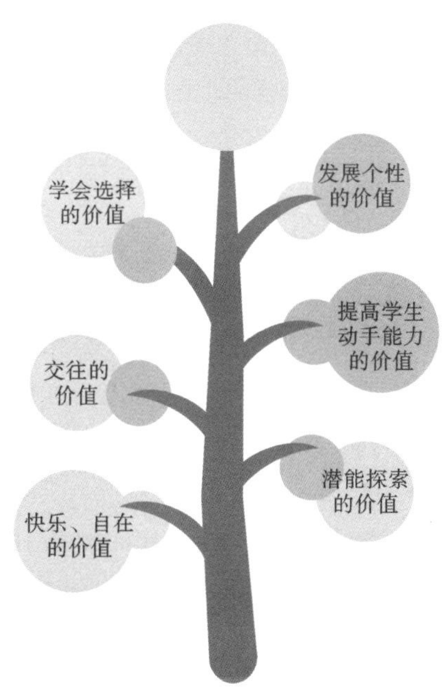

图 20 “快乐周末”校本课程对于学生发展的价值

1. 快乐、自在的价值

(1) 近 82.2%的学生在“快乐周末”校本课程中能明显感受到快乐。

统计表明，有近 82.2%的学生在学习中感受到快乐，结合附小“平衡发展，快乐成长”的培养目标，希望课程首先能带给学生快乐，让学生体会到学习的快乐，能主动学习、乐于学习，以此发挥学生学习的主动性。

(2) 课程内容是否有趣是让学生感到快乐或者不快乐的最重要因素。

进一步分析学生选择“非常不快乐”、“不快乐”或者“一般”的原因，通过数据统计，教师了解到在调查的 346 名学生中，有 78 名学生选择了“非常不快乐”、“不快乐”或“一般”，在这 78 名学生中，有 30.3%的学生选择了“课堂内容没有趣味”，16.0%的学生选择了“和平时上课没有啥区别”，13.4%的学生选择了“没有成就感”，10.9%的学生认为“太简单，都会了”，10.1%的学生认为“动手机会太少”，另外有 19.3%的学生选择了其他项。

通过对学生对“快乐周末”校本课程感到快乐或者不快乐的原因进行进一步分析，教师认为课堂内容是否有趣，是让学生感到快乐或者不快乐的最重要因素。当课堂内容吸引学生，能让学生感到有趣，学生会进一步深入学习这门课程，由此，学生可在校本课程的课堂上“多一项技能或能力”、“自己动手做东西”、“和同学们一起合作”、“把所学知识用上”、“认识不同的教师”等。

这就对附小的组织结构和教师的校本课程开发能力提出了更高的要求，因为校本课程开发需要

学校有一个民主开放的组织结构，这种开放的结构，能够分散权力，促进小组工作和小组间的沟通。同时，校本课程开发的主体是教师，需要教师有足够的时间和能力去进行课程开发，所以教师要对自己的工作时间进行合理分配，然后在学校、大学研究机构和社区中寻求资源的支持。

2. 潜能探索的价值

(1) 70.8%的学生通过“快乐周末”校本课程发现了自己更多的兴趣。

“快乐周末”校本课程的多样化，可以让学生从中找到自己喜欢和感兴趣的课程，在快乐的氛围下学习，慢慢发现自己的优点，学会欣赏自己和他人，然后通过对课程的学习，在实践中锻炼自己的能力，发现自己更多的才能。这表明附小在“校本课程”开发中的目标比较明确，尊重学生的兴趣，多样化的课程满足了大部分学生的发展，从而让他们认识到自己的优点，发现自己的才能，学会欣赏自己，进一步促进学生在探索自己潜能方面的发展。

调查显示，通过对“快乐周末”校本课程的学习，有70.8%的学生发现了自己更多的兴趣，有14.7%的学生没有发现自己更多的兴趣，有14.5%的学生不清楚自己兴趣变化的情况。

(2) 67.6%的学生发现了自己更多的优点，67.8%的学生发现了自己更多的才能。

调查显示，经过“快乐周末”校本课程的学习后，有67.6%的学生发现了自己更多的优点，有13.6%的学生没有发现自己更多的优点，而有18.8%的学生不太清楚自己优点的变化情况。

此外，经过“快乐周末”校本课程的学习后，有67.8%的学生发现了自己更多的才能，有11.2%的学生没有发现自己更多的才能，而有21.0%的学生不太清楚自己才能的变化情况。

在附小的“快乐周末”校本课程中，不同的课程内容，可帮助学生探索自身的潜能。在“科学实验站”课程中，教师会测试生活中常见的六种物质的酸碱度，让学生体验到测试酸碱度的实际意义。学生以分组合作的形式，每组六人，每人负责一种物质的酸碱度测试。让学生在实际的参与中，发现物质的属性。在这样一个过程中，有些学生可能会发现自己对化学很有兴趣，并且会继续了解和学习下去。

3. 交往的价值

(1) 有87.9%的学生在“快乐周末”校本课程中交到新朋友。

“快乐周末”校本课程采用的是走班制的上课形式，学生们根据自己的兴趣，通过自主选课的方式，共同组成一个班级。这样，来自于不同班级、不同年龄的学生会因为共同的兴趣而相识。这和学生以往固定的班级上课模式不同，学生与不同年龄、不同班级的学生在一起上课，同时也认识到不同的、多才多艺的教师，学生在与不同群体的交往过程中，收获颇多。

在调查的346名学生中，有87.9%的学生有交到新朋友，其中，41.6%的学生结交新朋友的数量是1到3个，25.2%的学生结交新朋友的数量是4到6个，21.1%的学生结交新朋友的数量是7个以上。

与志同道合的同学交往，可让学生找到并认可自己的个性，并能够坚持自己的兴趣，建立自我认同感，他们之间将形成良好的学习氛围，相互启发和激励。调查结果显示，在与不同班级的同学交往后，有25.6%的学生的收获是“更善于与人沟通了”，有23.8%的学生的收获是“学会了相互帮助”，有22.6%的学生的收获是“欣赏同学的才华”，有18.6%的学生的收获是“能与他人一起合作完成任务”，有9.4%的同学有其他收获。

(2) 近一半的学生主动和教师交流想法的次数“比以前更多了”。

调查还显示，通过学习“快乐周末”校本课程，有48%的学生主动和教师交流想法的次数“比以前更多了”，有36.7%的学生主动和教师交流想法的次数“没有什么变化”，有4%的学生主动和教师交流想法的次数“比以前更少了”，有11.3%的学生不清楚主动和教师交流想法的次数的情况。

在调查的346名学生中，有48%的学生认为自己主动和教师交流想法的次数“比以前更多了”，这也说明“快乐周末”校本课程的开发促进了学生在人际交往方面的发展。

4. 提高学生动手能力的价值

在学习“快乐周末”校本课程后，近90%的同学认为自己的动手实践能力提高了。有52.3%的学生认为自己的动手实践能力“有一点提高”，有37%的学生认为自己的动手实践能力“有很大提高”，只有9.5%的学生认为“没有提高”，而有1.2%的学生认为“有一点退步”。

5. 学会选择的价值

(1) 学生在“快乐周末”校本课程的选课方式上逐渐学会自主。

关于对“快乐周末”校本课程的选课，在2013年12月的调查问卷中，有72%的学生是“按自己的兴趣选择的”，有19%的学生是“家长帮助选的”，有9%是“随便选的”。在2015年6月的调查中，有70%的学生是“按自己的兴趣选择的”，有10.4%的学生是“按家长的想法选择的”，有3.5%的学生是“跟着同学选的”，有5.5%的学生是“随便选的”，另外10.6%的学生按其他方式选择。而在2016年，85.3%的学生“自己选择”，3.8%的学生“家长替自己选择”，5.5%的学生“跟着同学选择”，只有2%的学生“随便选择”，另外3.4%的学生按其他方式选择。

通过对数据进行比较，教师发现学生在选课时，至少有70%的学生是按自己的兴趣选择的，学校和家长在尊重学生的基础上，让学生了解自己的兴趣，慢慢学会选择，家长也在这样的选课过程中，尊重自己的孩子，重新认识自己的孩子，并支持他们的兴趣。

(2) 学生在“快乐周末”校本课程的内容选择上也富有自主空间。

通过自主选课和选择课堂内容，学生可了解自己、认识自己、学会选择，并对未来做学习和生活方面的各种选择做准备。研究表明，“受教育个体自我选择的困惑，其实普遍地存在于真实的教育生活之中。学生接受了多年的学校教育，却仍然不知道自己想要什么，不会选择，盲目选择，甚至逃避选择，不能通过自己的选择来更好地实现自己的人生价值，这不能不说是教育的悲剧”。所以，只有通过选择，这些课程才能落地，才能与每一位学生的需求和发展联系起来。学生通过选择和尝试，才能逐渐找到属于自己的东西。

6. 发展个性的价值

校本课程开发的意义也指向学生的个性化发展。目标指向明确、内容多样、课程设置灵活的校本课程，能使学生在掌握国家课程规定的基础知识、基本技能的同时，个性得到发展。

例如，“纸艺造型”课程是在绘画美术教室进行的，这个教室充满着浓郁的艺术气息，教室的墙上和天花板上都有创意地，悬挂着学生之前的作品，色彩鲜艳，让人赏心悦目。教师希望让学生在“玩中学，学中玩”，开心地进行艺术学习。通过教授学生基本方法，引导学生对生活中的相关事物进行思考和创新，学会举一反三。

（二）“快乐周末”校本课程对教师的价值

1. 提升教师的课程开发意识和能力

附小校本课程的开发与实施要求教师自行设计一门校本课程，校本课程有别于学科课程。这就要求教师们不只是关注自己所教授的科目，要学习更多其他专业和学科的知识以及教育学理论知识。一方面，附小校本课程的开发是自上而下的教学改革，在政策上使得全校教师觉醒，增强了教师们的学习意识，教师们在课程开发的过程中可意识到自身知识的不足，这也将促使教师们不断学习。另一方面，教师在课程开发的过程中，不断学习新知识，并在课程实施中不断修正和完善自己的课程，这有利于提高教师们的教学能力。同时，教师间通过合作与交流，不断拓展自身的知识面，有利于提高教师的课程开发能力和教学能力。最后，校本课程还可以提高教师的科研能力。校本课程要求教师能对自己的教学实践进行经常性的反思，通过分析自己的教学行为，总结教学经验，研究教学过程，提高自身的教学水平和研究能力。

2. 促进教师间的合作与交流

校本课程的开发和实施过程会促进教师间的合作与交流，主要体现在可促进拥有不同学科背景的教师间的交流；促进"新手教师"与"专家教师"的交流；促进中青年教师间的合作与交流以及不同年级教师间的合作与交流。

3. 为教师的个性化教学和课程开发创造条件

(1) 学校的支持。校本课程的开发过程中，学校将会着重投入更多的财力和物力来为教师们的教学及研究工作的开展提供一些条件。

(2) 教师根据自己的兴趣和专业开发课程。

4. 促进教师的个性化发展与成长

在"快乐周末"实地调研中发现：何老师非常钟爱诗歌吟诵，校本课程开发正好给何老师提供了发展个人兴趣的机会；有的教师会做一手好菜，他们根据自己的这一项特长开设了烹饪课程；有的教师擅长书法，就根据自己的特长开发书法课程；有的教师对广告很有研究，就开设了广告赏析课程。许多课程的开发都是建立在教师的兴趣和特长的基础上的，因此，校本课程的开发有利于发掘和培养教师的兴趣和特长，促进教师的个性化发展和成长。"快乐周末"校本课程为教师参与教学改革创造了条件，有利于提高教师参与教学改革的热情和干劲。同时也促使教师们不断地去学习，来丰富和提升已有的知识和能力，更好地完成校本课程的开发与实施，校本课程的开发即促进了教师的终身学习和发展。

教师的个性化教学是指在教师视域里的个性化教学，是教师基于对自身、教材及学生特点的理解，将自己的教学思想、技巧融入教学过程，通过对既定教学内容的重组和构建，以教师个性化的教促进学生个性化的学的教学，其有着独特性、创造性以及标识性。

5. 增强教师的学校认同感、满足感和归属感

附小全校所有教师都参与到了校本课程的设计、实施与评价等各个环节中，这表明学校给予了教师们充分参与校本课程的权利，教师们可以针对校本课程的实践过程发表自己的看法，可以与校领导和专家做及时的沟通与交流。教师们充分参与校本课程的开发与实施过程，增强了对附小的认同感。在附小"快乐周末"校本课程的实施中，许多教师在课程开发中慢慢体会到了乐趣，进而减少了对课程改革的抵制，同时提高了教师对于课程开发与实施的积极性。

教师在参与课程的开发与实施时，感受到了学生对自己开设课程的积极反应，感受到了学生们因为自己的努力而得到的发展，同时自己的教学想法也有机会得以实践。整个校园充满着对教师们开发校本课程的支持的氛围，这有利于增强教师的归属感。

（三）"快乐周末"校本课程对家长的价值

基于与"快乐周末"校本课程有关的学生调查问卷和对家长访谈的结果，将"快乐周末"校本课程的价值总结为以下三个方面。

1. 让家长更加了解孩子

"快乐周末"校本课程不管是在选课系统、实施过程上都为家长更加深入、多元化地了解孩子和进入孩子的内心世界创造了机会和条件。

从选课上来说，"快乐周末"校本课程是由孩子自主选择的，但是选课操作是由家长执行的。那么，在这个过程中，家长和孩子就会产生多次讨论和交流，最终确定所选的课程以及课程排序，这是根据孩子的兴趣和个性来选择课程的过程，可让孩子对自己进行一次重新认识，这也是家长对孩子重新认识的开始。在选课过程中，大部分家长会充分尊重孩子的兴趣、需要和选择的权利。

从课程实施过程上来说，“快乐周末”校本课程为家长参与孩子的课程创造了一定的机会和条件，在这个过程中，家长能够更加深入地了解孩子的兴趣和需要，并且提高了赞美和认可孩子的能力。“快乐周末”校本课程中的一些课程，会让学生将手工作品带回家，当家长看到孩子自己完成的作品时，会看到孩子平时可能没有机会表现出来的能力，由此看到孩子的成长，从而更加认可孩子。问卷调查数据显示，有 41.3%的学生认为家长对自己的了解“比以前更多了”，有 27.8%的学生认为家长对自己的了解“和以前一样”，有 28.9%的学生“不清楚”家长对自己的了解情况，有 2%的学生认为家长对自己的了解“比以前更少了”。

2. 促进民主、和谐亲子关系的建立

附小“快乐周末”校本课程从实施开始，就非常注重家长和学生之间的沟通与合作，家长亲自参与到孩子的课程选择等活动中，这将会促进和谐亲子关系的建立。

在选课上，家长可在了解孩子兴趣和需要的基础上学会尊重孩子。学生按照自己的需求自主选课，家长帮助他们学会选择，这不仅有助于学生形成自信、独立的性格，而且在沟通课程选择和排序的过程中，家长与孩子的交流、互动可加深他们之间的亲密感。

在课程进行中，家长与孩子间的互动与合作增多，主要表现为与孩子一起购买需要的物资、与孩子进行互动和交流、鼓励孩子学习课程、与孩子共同合作完成课程任务等。

问卷调查结果显示，有 53.5%的家长会主动关心学生在“快乐周末”校本课程上的学习情况和表现。在与家长谈话后也发现，33%的学生会主动与父母交流“快乐周末”课程情况，而有 42%的家长会主动与孩子交流。每学期的“快乐周末”校本课程中，都有 2～3 次家长公开课，主要是由家长作为老师来向学生传授知识。当家长直接作为课堂的主要参与者时，孩子也会主动地帮父母处理课堂助教的事务，这种合作更加促进了亲子关系的升华，家长与孩子不再是照顾与被照顾的角色，而是为了共同目标一起体验努力与收获的过程。

3. 促进家校合作和亲密关系的建立

作为“快乐周末”校本课程的参与者，不管是家长的直接参与（与学生共同合作完成课程任务、参与课堂等），还是家长的间接参与（购买学生需要的物资、帮助学生选课、与学生进行互动交流并鼓励学生学习等），都体现出了家长与学校之间的联系、合作与交流。家长参与到校本课程的实施中，可对学校的教学工作有进一步的了解，也更加理解学校的办学方式，这可增加家长对学校的认可度和归属感。

在学校方面，学校可以充分挖掘家长资源，与家长进行有效的沟通并获得建议，以更好地促进学校校本课程的实施。

（四）“快乐周末”校本课程开发对学校发展的价值

1. 发展和丰富了附小的课程结构

附小根据学生兴趣和教师特长开设校本课程时，也让家长参与进来。这不仅给了学生、教师、家长更多参与学校变革的权利，而且丰富了学校的课程结构，这有利于促进学生的全面发展，进而更加凸显附小“以人为本，和谐发展”的教育理念。

2. 加深了学校管理者对学校定位和教育本质的理解

实施“快乐周末”校本课程后，学校管理者对学校发展有了更新、更远的认识。对于附小该如何发展，学校采取借用课题让活动串起来的思路，让办学理念生根。

学校管理者对教育的理解反映在其对于学校课程和日常工作的管理中，"快乐周末"校本课程就让附小管理者重新认识了教育。学校当初设置活动课程的初衷，只是满足学生生活的需要，在课程具体实施中，学校管理者认识到，活动课程的开展，不仅要满足学生的需要，还要通过课程对学生的生活进行引领。只有在清晰地认识到学生的需求之后，才能在更高的层次给予"快乐周末"校本课程更大的支持和更好的发挥平台。

3. 促进学校管理层与教师的沟通互动

（1）关于校本课程定位的沟通互动。

校本课程开发是由学校管理层在学校实施的一场教学改革。学校管理层和教师需要在沟通互动中对"校本课程"这一概念的理解达成共识，共同为学生的发展和学校的未来而奋斗。所以校本课程为学校管理层与教师之间的沟通创造了机会和条件。

（2）关于校本课程的开发和设计的沟通互动。

在校本课程开发阶段，关于课程的目标、内容和结构，都需要学校管理层和教师的共同参与。在参与开发设计的过程中，双方要交流想法和意见，以不断完善校本课程的开发和设计。

（3）关于校本课程的反馈和研究的沟通互动。

在校本课程实施阶段，学校管理层对校本课程进行管理和宏观指导。学校管理层会评估和监督每一个班级的课程开展情况，与任课教师交流学生的学习状况和课堂中遇到的问题。同时，学校成立校本课程课题组，课题组的成员包括学校管理层和教师，定期开展教学研究和学术讨论，这也可促进管理层与教师间的交流与合作。

4. 促进了大学与附小的协作

华科教科院的教育学专家也参与到了附小校本课程的开发和实施中，给附小提供了理论知识和实践指导，对附小校本课程的价值和课程分类做了大量的研究工作，并且每周会参与到附小校本课程的课堂中，通过参与式观察和对师生进行访谈来研究校本课程实施的现状和问题，并提出针对性的意见和指导，这可使附小校本课程更加科学合理，更加符合教育规律，更加有助于学生的发展。

5. 丰富和重构了附小的学校文化

"快乐周末"校本课程开发有助于实现学校的课程创新，从而有助于形成"以人为本"的学校个性化课程，这重构和丰富了附小的学校文化。

（1）创生"活泼"、"多元"、"自主"的学校文化品质。

"快乐周末"校本课程实施以来，学生的快乐多了，教师的幸福感提升了，学校的校园文化在"快乐周末"校本课程的感染下，在国家课程"严肃"的氛围里生发出了"活泼"的元素。

（2）促进学生和教师对学校教育理念和文化的认同。

附小的校本课程以"快乐周末"为主题，旨在让学生愉快地学习。通过访谈，大部分学生能够通过校本课程发展自己的兴趣，享受课程带来的快乐，学生认同学校的课程改革，感受到了学校"以人为本，和谐发展"的教育理念。

（3）促进了家长和外界对学校的认同。

在实施"快乐周末"校本课程后，学生和家长在课程的参与度上都有了一定程度的提高，家长和学校的互动更加频繁，家长对学校和教师的认可度也有了提高。每学期，"快乐周末"校本课程会专门给家长留一些课时，学校会邀请有能力、有意向的家长到学校对学生进行授课和分享，家长、学生和教师间的互动变得更加直接和高效。

附小"快乐周末"校本课程的目标在于培养学生的兴趣，满足每个学生不同的发展需要，以促进学生最大限度的发展。学校根据师生的特点、学校的教育资源、学校的传统和办学理念来确立学校自己独特的发展方向,挖掘学校潜在的课程资源,开发出具有社区或学校特色的课程,以满足学生的需要,同时也丰富和重构了学校的文化。

参考文献

[1] 钟启泉,崔允漷,张华.《基础教育课程改革纲要(试行)》解读[M].上海:华东师范大学出版社,2001:355.

[2] 钟启泉.现代课程论[M].2版.上海:上海教育出版社,1989.

[3] 太俊文.新课改中用科学精神和人文精神整合全人教育探析[J].曲靖师范学院学报,2005,24(5):104-105.

[4] 肖丽萍.对教师发展阶段问题的理论思考[J].太原师范专科学校学报,2001(3):74.

[5] 廖哲勋.关于校本课程开发的理论思考[J].课程·教材·教法,2004,24(8):13.

[6] 刘英健.活动课程理论研究综述[J].教育科学研究,1997(1):22.

[7] 和学新.行动研究法简介[J].教育改革,1994(2):63.

[8] 清风.课堂观察法[J].新课程研究(教育研究与实验),2005(3):69.

[9] 冯怡.校本课程开发与学生发展——以武汉市H大学附属小学为例[D].武汉:华中科技大学教育科学研究院,2015.

[10] 李伟.教育的根本使命:培育个体"生命自觉"[J]. 高等教育研究, 2012(4).

[11] 李希贵.学校转型[M]. 北京: 教育科学出版社, 2014.